臺灣歷史與文化 研究輯刊

九 編

第 10 冊

日治時期臺灣巫覡術士之研究

楊 東 叡 著

花木蘭文化出版社

國家圖書館出版品預行編目資料

日治時期臺灣巫覡術士之研究／楊東叡 著 ─ 初版 ─ 新北市：
花木蘭文化出版社，2016〔民 105〕
目 2+160 面；19×26 公分
（臺灣歷史與文化研究輯刊 九編：第 10 冊）
ISBN 978-986-404-478-8（精裝）
1. 巫術 2. 占卜 3. 日據時期
733.08　　　　　　　　　　　　　　　　　　105001808

ISBN-978-986-404-478-8

9 789864 044788

臺灣歷史與文化研究輯刊
九 編 第 十 冊　　　　　　　ISBN：978-986-404-478-8

日治時期臺灣巫覡術士之研究

作　　者　楊東叡
總 編 輯　杜潔祥
副總編輯　楊嘉樂
編　　輯　許郁翎
出　　版　花木蘭文化出版社
社　　長　高小娟
聯絡地址　235 新北市中和區中安街七二號十三樓
　　　　　電話：02-2923-1455／傳真：02-2923-1452
網　　址　http://www.huamulan.tw 信箱 hml810518@gmail.com
印　　刷　普羅文化出版廣告事業
初　　版　2016 年 3 月
全書字數　130913 字
定　　價　九編 24 冊（精裝）台幣 50,000 元

日治時期臺灣巫覡術士之研究

楊東叡　著

作者簡介

楊東叡，臺灣桃園市八德區人，畢業於國立中央大學歷史研究所碩士班，現任教桃園市立壽山高中歷史科教師。曾在國立中央大學歷史研究所期刊《史匯》第十五期，發表〈日治時期臺灣占卜文化之研究〉一文。在國立中央大學歷史研究所第三屆研究生論文研討會《傳承與創新會議論文集》，發表並宣讀〈日治時期臺灣知識份子對傳統占卜文化之觀感〉一文。

提　　要

　　本文聚焦日治時期臺灣巫覡、術士之研究，討論以官方、知識分子、民間社會三方的觀感。研究材料主要為報紙、調查報告書、雜誌、日記等。本研究透過官方管理政策的變化，知識分子評論巫、術者的輿論，民間與巫、術者之互動，剖析三個部分。

　　首先，臺灣總督府在每個時期採取不同政策管理占卜慣習。在 1895～1915 年，官方調查舊有慣習與法令，為了解清代臺灣占卜慣習的淵源，並且採取兩種管理政策，分別為武力鎮壓與溫和主義。在 1915～1936 年，政府透過宗教調查、實施違警例，全面控制占卜慣習的一個重要轉捩點。1937 年以後進入皇民化運動時期，臺灣厲行「民風作興運動」，革除迷信陋習，使巫覡、術士的生存產生一大危機。

　　以世代與教育背景作為知識分子的區分，分析新、舊知識分子視占卜慣習的觀感對比。傳統知識分子以保護漢文化傳統為職責。尤其占卜慣習使傳統知識分子影響非常深遠，組織詩社成為經世濟民的變通方式。而傳統知識分子也有變革者的出現，適應新西方思想的衝擊與轉型，希望革除舊有迷信陋習，使臺灣進入現代文明。新知識分子有兩種矛盾的心態來看待占卜慣習，即為批判與妥協。

　　民間依賴巫覡、術士，透過生活史描述，了解熱鬧的占卜活動作為探討。民眾尋求巫、術者，目的在於趨吉避凶與治療疾病等功能。更進一步，從占卜活動中衍生出許多詐欺案件等，這些弊端產生龐大的利益，引誘人犯罪，作為社會現象的討論要點。

　　透過文本的探討，我們將能夠清楚了解日治臺灣巫覡、術士全面之觀感。根據三方的形象描述，巫、術者正面形象為未來預言者、治療者、或是神靈代言者。反面來說，巫、術者負面形象為詐欺犯或是神棍等說法。根據三方觀點，巫、術者有不一樣的形象塑造。

目次

圖目次

表目次

緒　論

一、研究動機與目的

　　自古以來就有占卜的習俗，殷商時期以龜甲爲卜具，統治者深信占卜的結果影響國家的興衰存亡。現代的社會，出現了許多中西方的占卜，如中式的紫微斗數、姓名學、風水學、易經等；西方的占星術、塔羅牌等，各種琳瑯滿目的占卜術，深受大家的喜愛與風靡，可以想見占卜對人們有心理上的依賴作用。

　　筆者常常在廟裡看到許多民眾在神明前擲筊杯，請示神明各種問題，抽籤詩來解答人們心中的人生問題。電視節目上出現命理相關的節目，提供許多人運勢資訊，有趨吉避凶的指導作用。在算命街上，許多人流連忘返於鐵板神算的攤位上，詢問各式各樣的疑難雜症。這些現代生活人們熱衷命理熱潮的現象，人們詢問人生的問題，都源於對未來的不確定感，上述種種現象對照歷史時空，引起探索命理熱潮的起源。

　　臺灣早期移墾社會，從中國大陸原鄉帶來的信仰，亦挾帶占卜文化的傳播，其文化發展源自於早期臺灣社會的不穩定性。由於臺灣人民缺乏安全感，而宗教信仰就是穩定社會、團聚集體的精神，占卜就扮演人民精神寄託工具之一，詢問運勢好壞、健康狀況、生子與否、農事豐收、出遊遠行順遂與否等。這些需求代表能穩定心理，有其指導方針的依據，甚至成爲根深蒂固的習俗傳統，當以科學角度或是官方角度來說，被認爲是一種迷信的陋習。

　　研究日治時期臺灣巫覡術士的原因，因現代人熱衷於命理、算命等神秘學風氣，探討前一個年代——日治時期尤爲重要。由於時間點接近於現代化

的開端，大量接收西方科學知識，知識分子接受最新科學知識的洗禮，啓迪
民智的運動在當時如火如荼的實行，學校教育的普及與各類型的講習會之教
化盛行的時代，巫覡和術士身處在那近代化的時空背景裡：一、巫、術者的
社會地位是如何定位？二、民眾所信賴的傳統民間慣習，是怎樣受到臺灣總
督府的看待？三、這些巫師與術士的儀式，如何解答民眾的生活問題？這些
切入的面向，就是探討占卜的行爲，在當時是怎樣影響著民眾與官方的互動？

　　臺灣總督府針對臺灣島內，進行一連串的舊慣調查，舊慣調查以臺灣舊
有法制和經濟爲主，舊有法律中處理有關宗教法令的部分，可以作爲相關參
考和研究。至於「臺灣慣習研究會」調查民間食衣住行各方面的習俗調查，
其中宗教習俗的部分調查詳細，尤其可看到占卜慣習的多樣性。統治初期，
臺灣總督府採取尊重舊習，直到慣習調查完畢後，習俗相關的改正規範開始
變嚴厲，政府以法規改善、限制臺灣人民習俗爲主要訴求，再更一深層情感
面向討論，以保存傳統習俗，亦或是斷捨傳統習俗，官方、知識分子、民間
三者都有不同的考量。以官方、知識分子、民間三者之間視占卜文化的心理
觀感爲重要的分析面向。

　　1915 年，臺灣島內爆發「西來庵事件」，因藉由宗教迷信之故，發起大規
模的抗日行動，因此臺灣總督府大規模執行「宗教調查」，詳細調查臺灣各類
型的宗教與民間習俗。臺灣總督府針對臺灣舊有的慣習，依照時期分別採取
不同的統治策略，按照劉枝萬《南投縣風俗志宗教篇稿》〔註1〕與蔡錦堂《日
本帝国下台湾の宗教政策》〔註2〕，都把宗教政策時期分成明治年間—放任時
期、大正年間—調查時期、昭和年間—彈壓時期，以這三個時期作爲分期標
準。臺灣總督府在不同時期針對傳統民間習俗，有不同的作法，從放任的態
度逐步到嚴格的階段，是值得玩味與討論的地方。

　　日治時期臺灣知識分子在社會領導階層中，擁有舉足輕重的影響力，牽
動社會各項措施與政策的施行，影響社會大眾對於價值觀的判定。社會大眾
常常把知識分子，當作是道德典範遵守的最高原則，也是統治者與民眾之間
的仲介階層。政府政策的施行，往往都要借重知識分子提倡與宣導。知識分
子對於巫覡術士的觀點，內部卻有不一樣的看法，甚至彼此之間差異性，可
依照新、舊知識分子間，世代的不同，所產生的觀感不一致，而有所謂矛盾

〔註 1〕劉枝萬，《南投縣風俗志宗教篇稿》（南投：南投縣文獻委員會，1961 年）。
〔註 2〕蔡錦堂，《日本帝国下台湾の宗教政策》（東京：同成社，1994 年）。

的出現，是傳統漢文化的繼承者或保存者，亦或是受到西方科學知識的洗禮，擁有理性、進步觀念思考的知識分子。探討新舊世代的知識分子，如何處理與看待傳統占卜慣習。

民間大眾對於傳統的民間習俗，視爲一種文化的傳承。自古以來相傳已久，不只是精神象徵，更是生活圈內的深層內涵。傳統農業社會的人民依靠上天來生產糧食，所以靠著占卜方式或是向神明祈禱卜卦能有豐收的好兆頭。家庭成員有人生病，探求病因的發生與治療方式，往往依靠占卜與向神明請求指示。這些與民間大眾生活息息相關的占卜習俗，是生活中不可或缺的精神內涵。

本篇研究日治時期臺灣民眾面對時代的遽變與不確定性，人們想要尋求未來的定位與方向，面對人生攸關的問題，精神面尋求解決是唯一的方法。臺灣總督府針對巫覡術士的管理，每個時期都有不一樣的施策內容，甚至各地方執行方針也不一致，是討論的重點之一。另外，知識分子內部成員針對占卜慣習有不一樣的觀感與見解，也深深影響著社會，具有文化指導的意涵，這些內部差異的觀感是探討的原因。最後，民眾對占卜慣習是一種傳統的精神象徵，傳承與斷裂的分界點，也因應時代空間的相互作用下，政府與知識分子的提倡與否，這些作用會產生怎樣的影響力？爲著重的議題。本文對政府、知識分子、一般民眾三方彼此的衝突性、因應措施、心理觀感分析爲重要的剖析面向。

二、研究範圍與時間斷限

本文研究主要針對官方調查報告書、報紙、雜誌、日記等資料，作爲討論的面向。文論中主要探討以巫覡、術士的發展作爲主題，其中巫覡與術士的共通點在於擁有占卜預知未來的能力，巫覡泛指稱薩滿，擁有通靈的能力，術士以運用經典數術、陰陽五行之說等術，更進一步討論兩者的占卜功能與在民間形成一股占卜慣習。本文運用官方、知識分子、民間三方觀點視巫覡與術士的形象描述，對於民間社會功能擁有正面與負面影響，政府政策管理巫覡術士的議題，與知識分子如何處理與看待占卜慣習爲主要的研究範圍。

本篇論文主要時間斷限從甲午戰爭後，清朝政府依照馬關條約割讓臺灣，臺灣被日本政府統治從 1895 年開始，到 1945 年第二次世界大戰結束，日本戰敗爲止，爲主要的時間斷限。時間的分界點根據前述劉枝萬的著作與

蔡錦堂的著作爲參考點，時間切割成 1895 年至 1915 年爲「舊慣溫存時期」，橫跨明治到大正時期，這期間有一個關鍵的時間點爲 1908 年發佈「臺灣違警令」〔註 3〕，對於占卜習俗採取法律上的規定與限制，特別是針對巫覡與術士有職權的限制，此部分爲前人研究比較少關注之點。第二個時期爲 1915 年至 1936 年「調查與制度整備期」，時間點爲大正跨越到昭和年間，由於 1915 年西來庵事件，宗教迷信的原故，官方採取大規模的宗教調查，各地方官管理民間宗教與習俗的政策不一致，處於整頓的階段。第三個時期 1937 到 1945 年爲止是「統制彈壓時期」，由於 1937 年七七事變的爆發，對華戰爭開始不斷的全面擴大，啓動國家總動員體制，所以強調以推廣國家神道，聚集民眾的團結與忠誠，此時期採取強制手段，配合警察調查與取締民間陋習。透過三個時期的遞變，作爲時間、空間對比研究。

三、研究回顧

（一）民間信仰相關論文

本文以日治時期臺灣巫覡術士爲研究課題，前人研究偏向中國古代巫術研究的課題，至於臺灣研究巫覡方面，尤其以乩童的研究爲最主要。以下針對前人研究的成果作一回顧。林富士《孤魂與鬼雄的世界》〔註 4〕一文中，介紹北臺灣的厲鬼信仰，其中巫覡、道士、僧尼爲人鬼間溝通管道，溝通方式有九個種類〔註 5〕，第一類爲占卜，利用龜甲、骨頭、銅錢、筊杯等方式，來詢問鬼神的指示，透過鬼神傳達徵兆訊息給人間，徵兆分成自然徵兆與人爲操作，協助民眾解決鬼神作祟，趨吉避兇爲主要的功能。在乩童的研究上有詳盡的脈絡描寫，自乩童的沿革發展與職業介紹爲主要特色，最後乩童在日治時期發展脈落，直到皇民化時期乩童這類巫覡職業被警察取締的概況作一結論。不過，文章中缺乏術士的介紹，尤其術士爲民眾的重要幫手，舉凡婚喪喜慶，都要請教日師、風水師、算命師等，一切時節是否合時，能否招來幸運。術士爲社會層級中屬於上九流的社會，與乩童、尪姨這類巫覡屬於下九流社會有所不同，特別是社會大眾與術士之間的互動與觀感爲文章中可深究之處。

〔註 3〕不著撰人，〈府報抄譯〉，《漢文臺灣日日新報》，1908 年 10 月 8 日，版 3。
〔註 4〕林富士，《孤魂與鬼雄的世界》（臺北：臺北縣立文化中心，1995 年）。
〔註 5〕第一類型占卜、第二類型暗碼、第三類型文書往來、第四類型聽覺、第五類型視覺、第六類型夢、第七類型遊魂、第八類型性、第九類型憑附。

　　董芳苑《臺灣民間宗教信仰》〔註6〕與《認識臺灣民間信仰》〔註7〕，這兩本書介紹臺灣民間信仰，根據宗教習俗的研究，以了解臺灣的文化內涵，各種宗教習俗都有獨立篇章作為探討，包含習俗過程和儀式的呈現等。文章中分析包羅萬象的民間信仰現象為重要的主題，其中以乩童、法師施展民俗或是巫術療法，治療人民的身體、心靈等疾病，或是以占卜、祝禱等方式來趨吉避凶。這些巫術療法有地方色彩與神蹟的特色，特別是神蹟現象為民眾傳聞並且信任其神聖療效。不過，作者以民間宗教現象作一些批判，批判的主觀性太強，政府政策如何管理這些巫術者是可以深究的地方。

　　鄭志明《宗教神話與巫術儀式》〔註8〕，主要解釋民間信仰裡靈感思維的概念，從靈感思維對應宗教神蹟的展現，解釋靈感思維為精神感性的認知體系，有神話的支持，擴充靈感思維的範圍。在巫術文化方面，巫術認為是神靈交感的方式，以「神通」與「通神」的形上學為基，進行溝通心靈精神，更進一步與天地萬物的神靈溝通。根據古代經典《史記》、《西遊記》等，還有朱子鬼神觀，作為解釋民間信仰的觀念與儀式，儒釋道三教融合深刻影響民間信仰的發展。但缺乏時代的脈絡性與空間差異性，巫術變革的關鍵與巫術傳來臺灣的差異可以深究之處。此書比較偏重戰後民間信仰的復興與發展，脈絡上清代與日治是帶過，比較不清楚巫術脈絡的時間軸線，有何變革之處，是可以進一步探討的地方。

　　張玉秋〈日治時期宗教「迷信」話語研究〉〔註9〕，此篇論文以釐清宗教「迷信」這兩字，尤其臺灣總督府以自己的文明的角度，視這些臺灣民間信仰為「迷信」，這些汙名化的舉動，為了合理化統治權力，必須利用言論將傳統民間信仰形容成迷信罪惡的象徵。本篇文章知識分子一詞，對於新舊知識分子的界定與分類，取材的對象可多加廣泛，對於時間分期上比較不明確，政策轉換的過程可以多加琢磨。

（二）日治時期臺灣宗教政策相關專書論文

　　蔡錦堂《日本帝国下台湾の宗教政策》，以日治時期的臺灣宗教政策的推

〔註6〕董芳苑，《臺灣民間宗教信仰》（臺北：長春文化事業股份有限公司，1984年）。
〔註7〕董芳苑，《認識臺灣民間信仰》（臺北：長春文化事業股份有限公司，1986年）。
〔註8〕鄭志明，《宗教神話與巫術儀式》（臺北：大元書局，2006年）。
〔註9〕張玉秋，〈日治時期宗教「迷信」話語研究〉，國立成功大學台灣文學研究所碩士論文，2010年。

行，作者把宗教政策分成三個時期，第一時期（1895～1914），在宗教層面上，爲了維持臺灣民心的安定，採取「舊慣溫存」的方針；第二時期（1915～1930），「調查與制度整備」期，因西來庵事件與宗教迷信有關，所以總督府開始對全臺進行大規模宗教調查；第三時期，以 1931 年滿州事變爲開端，因應戰爭擴大與時局緊迫，對國家神道的「強調」與對其他宗教的「統制」爲施力重點。以上三個時期的劃分，值得作爲參考時代變遷與政策改變的情形，至於各地區神社的研究爲本文比較缺乏之處，地區差異性的探討，與宗教政策貫徹在各地區的實際情況，可以深究其地方政策的普及與否。

　　蔡素貞〈日據時期臺灣人對日本文化之迎拒：殖民性、現代化與文化認同〉〔註 10〕一文以總督府施政文獻資料作爲基礎，分析日治時期宗教政策措施變更之階段，最主要之特色爲統合前人研究之觀點，如蔡錦堂、陳玲蓉等人。文章中從官方逐步建立寺廟臺帳制度與臨時臺灣舊慣調查，之後更建立了《臺灣私法》〔註 11〕的法治化，1915 年因西來庵事件，展開三年大規模的宗教調查，可視爲宗教政策的分水嶺，1930 年代以前臺灣宗教政策僅止於寺院調查、法規整頓、組織監督等，此時期臺灣傳統寺廟持續增加迎神賽會，活動依舊熱鬧活絡，官方整個組織，上至總督府，下至地方官僚，大肆鼓勵參與廟會活動，可視爲總督府對臺灣傳統宗教抱持著尊重的態度，1930 年代以後進入皇民化時期，進入強制推行神道教的政策。不過，本篇研究的突破性是比較缺乏，統整的面向較爲廣泛，細微之處解釋不甚清楚，如「臺灣宗教調查」與「臺帳制度建立」對象皆是以在臺日本佛教爲主，然而卻屬於不同政策，臺灣宗教調查因日本來臺佈教尚未奠定基礎，調查難有所成，因此夾雜大量的宗教調查。另一方面，臺帳制度的建立以新設的社寺爲主，即規範日本佛教發展，上述兩點未加以區分容易有混淆誤解之處。

　　周婉窈〈從比較的觀點看臺灣與韓國的皇民化運動〉〔註 12〕一文中亦有提及，皇民化運動的宗教改革是雙管齊下的，一方面提倡日本神道，一方面壓抑固有宗教。前者以神社的增建、昇格，還有神宮大麻的奉祀，以及神社

〔註 10〕蔡素貞，〈日據時期臺灣人對日本文化之迎拒：殖民性、現代化與文化認同〉，中國文化大學史學研究所博士論文，1996 年。

〔註 11〕臨時臺灣舊慣調查會著、陳金田譯，《臺灣私法》（臺北：南天出版有限公司，1995 年）。

〔註 12〕周婉窈，〈從比較的觀點看臺灣與韓國的皇民化運動（1937～1945）〉，《海行兮的年代》（臺北：允晨文化公司，2003 年），頁 33～76。

參拜爲重點。而後者主要的政策是透過「寺廟整理」，企圖透過整理、裁併地方寺廟達到消滅臺灣固有宗教，達成最終目的。因此研究面向集中提倡神道教的神社建造，與壓抑故有宗教的強制規定，透過兩者的比較，有全面性了解皇民化運動實施的成效。

（三）社會領導階層與習俗相關論文

知識分子對於傳統習俗的觀點，下列文章著眼點在知識分子——具有社會領導階層相關的文章探討。吳文星《日治時期臺灣的社會領導階層》〔註13〕一書中，討論社會領導層對於日治時期政治、社會、文化的大變動，舊知識分子以飽讀漢學教育，考科舉功名取得社會名望，但在日本統治下，科舉功名不再是晉用官吏的方式，日本政府對於傳統書院教育，以舒緩傳統知識分子對未來的焦慮。漸禁政策實施下，縮編傳統書院體系，普及公學校的教育，臺灣本島內菁英教育的差別待遇與不足，留學教育的蓬勃發展，這一系列的改變，發展出一批新知識分子，學習西方的科學知識，帶給社會新變革的契機。依「放足斷髮」、「國語普及運動」推動來看，有其現代化的指標。此社會領導階層在經濟、宗教社會功能方面比較少論及，經濟、社會層面可以觀察到社會領導階層生活互動網絡的構成面向，還有社會領導階層如何處理傳統習俗的精神層面，精神內涵代表著文化傳承的意義，這些層面可以深入探究。

王世慶〈日據初期台灣之降筆會與戒煙運動〉〔註14〕以降筆會傳入、分布的情形，和鸞堂組織分析，傳統士紳階層往往是鸞堂組織裡重要成員。在地方社會發展戒煙運動、著善書等文化事業，依靠著私人鸞堂組織領導地方社會。不過，被日本政府視爲迷信的行爲，更視爲祕密結社，並禁止與監控。以降筆會、鸞堂內部作詳細、以及地區性差異的介紹，輔以政府的視角。至於鸞堂對政府政策的因應方式，因應的措施是順應地方官？還是轉向地下化經營模式？這些因應措施是值得研討。

康豹〈日治時期新莊地方菁英與地藏庵的發展〉〔註15〕，地方菁英以寺廟爲地方公共空間，參與當地文化權力網絡，累積象徵資本。地區菁英領導

〔註13〕吳文星，《日治時期臺灣的社會領導階層》（臺北：五南圖書出版有限公司，2008 年）。

〔註14〕王世慶，〈日據初期台灣之降筆會與戒煙運動〉，收入王著《清代台灣社會經濟》（臺北：聯經出版社，1994 年），頁 111～151。

〔註15〕康豹，〈日治時期新莊地方菁英與地藏庵的發展〉，《北縣文化》，第 64 期（臺北：臺北縣文化局，2000 年），頁 83～100。

地方社會，影響力從中發揮。政府如何運用地方菁英促成政策的推行，和民眾參與的實況，是文章中有待發揮的地方。

　　李世偉《日據時代臺灣儒教結社與活動》〔註16〕，以漢學文化教育的知識份子爲例，面臨日本「同化」及「現代化」殖民統治，漢文化出現危機。主要分成兩種處理方式：一種爲「循新」，追求新文化的替代，以結社團體如臺灣文化協會、臺灣民眾黨等；另一種爲「守故」，堅守傳統文化的精髓，採取結社，例如詩社或是「宗教化」的鸞堂行使傳統讀書人的抱負，經世、教化民眾。然而儒宗神教的發展受到日本政府的影響，造成儒教與政府的合作，蒙上親政府色彩，加上「大正民主時期」，新文化人士大量引進現代化的思想，批判儒教及其活動。此文章把儒宗神教內部與外部活動作詳細介紹，新文化人士針對傳統文人的批判可以再深度的研究，如各種報紙、雜誌的評論，比較傳統文人、新文化人士兩者之觀感，作爲新舊知識分子的指標分析。

　　周婉窈〈「世代」概念和日本殖民統治時期臺灣史的研究〉〔註17〕，按照世代的概念，分成三個階段：第一階段爲出生在清代末期，傳統仕紳階層的世代，飽讀儒家經典的傳統讀書人；第二個階段爲出生期在1895～1915年之間，剛好處於舊知識分子與戰間期知識分子的中間地帶，是接受新舊知識教育的人群；第三個階段爲「戰爭期世代」，此世代受教育人口數比以前有提高的現象。此篇文章的世代概念別具意義，以世代指標區隔世代族群，可以針對個別的世代做爲趨勢的研究，特別是對於新舊知識分子的世代矛盾點能進一步的探討。每個世代生長的時空背景不同爲分析的主軸，造就同一個世代都有共同的特質，此主軸焦點可深入討論，加入生活史的史料輔助，能有更清楚的輪廓描繪其時空背景。

（四）巫覡術士相關之研究

　　林國平《閩台民間信仰源流》〔註18〕，把閩台之間民間信仰的相同點呈現出來，與習俗傳承作連結，特別是閩浙地區「好巫尚鬼」的傳統，自古以來由來已久。在中國文獻上記載，蔚爲地方風氣，特別是「信巫不信醫」的

〔註16〕李世偉，《日據時代臺灣儒教結社與活動》（臺北：文津出版社有限公司，1999年）。

〔註17〕周婉窈，〈「世代」概念和日本殖民統治時期臺灣史的研究〉，《海行兮的年代》，頁1～13。

〔註18〕林國平，《閩台民間信仰源流》（福建：福建人民出版社，2003年）。

風俗，此風俗藉由早期移民傳入臺灣，移民大多來自於閩粵兩地，民間信仰的風俗大多來自於「原鄉生活」〔註 19〕的方式。不過，此篇文章著重於閩台間習俗信仰傳承的概念，但是缺乏臺灣獨特地域性差異之論點，即「土著化」〔註 20〕特色風格，與福建地區有所區隔，其風俗隔著時間空間的差異，已經趨於本土化。民間信仰、儀式、風俗等因地置宜，而有所改變與保存。此篇著作，雖然有列舉出臺灣一些習俗儀式的介紹，與福建的習俗儀式作為傳承相同點的描述，但是缺乏從清代、日治、戰後臺灣獨特時代背景的展現，其影響性會使巫術文化有所變革，制定管理巫術人員的政策、巫術人員在社會的定位、占卜儀式的變化等，這些因素是值得研討的。

　　方燕《巫文化視域下的宋代女性——立足于女性生育、疾病的考察》〔註 21〕，主要以宋代女性面對婚姻、生育、疾病這些人生重要的關頭，求助於巫術者的幫忙。古代女性生活圈局限於上述的領域內，從女性的角度切入，補充了宋代女性的觀點，輔以巫術文化的影響，像是女性遇到生育困境求助於巫術者之外，巫術者本身略懂中醫經典，使用藥草學與符咒等。上述治療方法協助女性安胎、順產等，更以厭勝等儀式，療癒身體疾病。雖然方著著重在與女性息息相關的生活問題，加上宋代政策的考量，官方抗拒巫術文化，想要改變社會信巫不信醫之風氣，可進一步的探究民間巫文化與官方政策的變化，如何與女性的互動，為延伸的範圍。

　　劉祥光《宋代日常生活中的卜算與鬼怪》〔註 22〕，以日常生活中的卜算為例，自宋代皇帝任命官員都經過卜算，連大批宋代士人有大量轉業成術士，此種現象始於北宋中期，更進一步在南宋大量出現，上述的影響造就民間也流行卜算的運動，形成算命活動為宋代的「全民運動」。此文章還有提到原本風水這項技藝，在宋代逐漸成為專業化的職業，尤其風水的核心價值「利後」的功能，帶來庇蔭後代子孫，奠定風水的地位。此文對於術士的治病模式，是比較少論述的部分。

　　宋兆麟《會說話的巫圖：遠古民間信仰調查》〔註 23〕，以薩滿巫術圖為

〔註 19〕李國祁，〈清代臺灣社會的轉型〉，頁 131～159。
〔註 20〕陳其南，〈土著化與內地化：清代臺灣社會的發展模式〉，頁 335～365。
〔註 21〕方燕，《巫文化視域下的宋代女性——立足于女性生育、疾病的考察》（北京：中華書局，2008 年）。
〔註 22〕劉祥光，《宋代日常生活中的卜算與鬼怪》（臺北：政大出版社，2013 年）。
〔註 23〕宋兆麟著、（古代）佚名繪圖，《會說話的巫圖：遠古民間信仰調查》（北京：

例，著作中充滿豐富的巫術圖騰，加上占卜儀式相關的圖畫，符咒圖案的研究有詳細的介紹，表現出薩滿文化的多元面貌。自遠古的信仰考察，到各少數族群巫術圖騰的研究，代表薩滿文化崇拜大自然的力量，與鬼神的敬仰，巫術透過圖騰展現溝通神鬼之交感精神。此圖騰展現豐富，最主要還是分析圖騰的背景意義，能搭配古代神話與史料，使巫圖有其歷史背景深度。

洪健榮〈清代臺灣社會的風水習俗〉〔註 24〕，透過清代臺灣漢人社會的風水習俗的發展脈絡，可以得知風水習俗影響清代臺灣民眾的日常生活，有著重要的影響力，風水習俗有逐漸在臺灣本土「內地化」與「在地化」的趨勢，「內地化」的表徵為「風水格局化」，「在地化」的具體表現為「柩鮮久停」的喪葬習俗，有別於閩粵原鄉「停柩經年」的普遍現象。此篇論文對於清代臺灣社會風水習俗成為民間非常重視的一環。

宮寶利《術數活動與明清社會》〔註 25〕，主要介紹明清時期中國術數的種類與變化，術數介紹有非常多種類，包含命理術、風水術、相術、占夢術、測字術等，這些術數影響民間大眾、士人、皇帝這三個層面，對於術數的流變與影響介紹豐富、剖析透徹。文論中有一節扶乩術，與術士的關連是有待商榷，與巫覡是比較有關連性。

〔英〕羅賓‧布里吉斯（Robin Briggs）《與巫為鄰：歐洲巫術的社會和文化語境（Witches & Neighbours: The Social and Cultural Context of European Witchcraft）》〔註 26〕，雖然早期中古歐洲發生零星迫害異教徒與巫術者相關的事件，以 15 世紀末第一次大規模迫害女巫運動為契機，以此之後迫害運動大幅度的消失，直至 16 世紀 70 年代和 16 世紀 80 年代發生第二次大規模迫害巫術之活動，加上迫害對象以異教徒、痲瘋病患者、巫術者為主。女巫被審判的案件較為多數，透過巫術審判，女性巫者往往是被定罪者。本書著作的觀點認為女巫形象是被塑造的，按照拜鬼儀式的觀念，視女性容易受到惡魔的誘惑。本篇從性別心理學分析，以男性觀點檢視，認為女性生理比較虛弱，惡魔容易乘虛而入。在階層方面，菁英階層是以保守的觀點審判女巫，認為

學苑出版社，2004 年）。

〔註24〕 洪健榮，〈清代臺灣社會的風水習俗〉，國立臺灣師範大學歷史學系博士論文，2003 年。

〔註25〕 宮寶利，《術數活動與明清社會》（天津：天津古籍出版社，2009 年）。

〔註26〕 Robin Briggs, Witches & Neighbours: The Social and Cultural Context of European Witchcraft, Oxford: Blackwell Publishing Ltd, 2002.

此巫術風潮會危害基督教世界的安寧，尤其風潮一旦擴散，有違社會秩序與社會反叛的風險，所以歐洲社會展開大規模捕獵女巫，成為一股風潮。此著作以法院審判書，作為案例分析與討論，其中的巫術儀式、治病過程、罪惡的形象，結合人類學、心理學、歷史學分析，有其獨到見解之處。不過，迫害女巫的地區，本篇著作無列出地圖，比較不清楚迫害的地區，有何地理上的差異性，是比較可惜的地方。

四、研究方法與史料探討

　　本篇論文以歷史研究法中文獻分析法為主的研究，從官方、地方、民間史料上的收集，尤其以第一手史料建構其背景、地方習俗、制度等方面，可了解在地占卜慣習如何與地方居民、知識分子、官員互動，搭配官方所做得統計資料，依照宗教調查統計結果，可得知從事巫覡、術士的人口數與地區別，可以知曉各地區從事這類型的職業，有何變化與差異？統計資料以表格的形式來呈現，與政策搭配下有怎樣的衝擊？

　　史料運用分成三個層面，剖析巫覡、術士與占卜慣習的影響面向：（一）政策方面：以官方文書、報紙、調查報告書等，作為政府觀點的論述與研究，從知識分子的建言書與各專家學者所作得調查報告書等，經過官員學者討論過後，開始制定法令與整頓地方習俗，根據政策的實施與宣導，其發揮的效果可自報紙上的消息，得知一二。（二）知識分子的輿論面向：以報紙、雜誌、日記等為主。藉由報紙的輿論與教育宣導，知識分子發揮領導階層的積極作用力，倡導科學知識，而對於傳統迷信慣習，加以撻伐與批判。但是，知識分子內部的組成有其複雜與矛盾性，輿論上呈現出兩極的作法。（三）民眾因應方式：以報紙記載其生活樣態。自數篇報導記載，民眾習以為常的占卜慣習，以何種方式進行？或是日記上討論占卜慣習影響人的判斷與心情等。又，官方制定之政策，民眾該如何因應？這些五花八門的生活史論述，民眾觀點面向是多元化的，可作為深入研究的議題。下列為論文運用的史料，可分成官方文書、報紙、調查報告書、日記等細目：

（一）地方志

　　地方志以探討地方習俗的根源，關於臺灣的占卜慣習包括多元文化，有其複雜性之因素。學說大致可略分成海外移民所帶來的原鄉占卜慣習，此學

說參考對象為施添福《清代在臺漢人的祖籍分布和原鄉生活方式》〔註27〕,「原鄉生活說」影響層面不只是居住地而已,連同生活習俗也受到影響。由於清代閩、粵移民臺灣,移居之地的風俗習慣往往按照原鄉方式,追溯故鄉精神之根源。另一派的學說為臺灣早期移民的民眾受由於早期土地拓墾,內部逐漸有臺灣本土的認同感,不同族群在同一地區,彼此尋找共同主神祭拜像是觀音、關公等,祖籍的觀念逐步打破,彼此以臺灣的生活地域為凝聚點,主要參考的學說對象為李國祁「內地化」〔註28〕與陳其南「土著化」〔註29〕的概念,其占卜慣習因在地獨特性所發展出來,各地區受到土著化的影響,造就地區風俗的差異性。地方志以臺灣銀行經濟研究室編著《福建通志臺灣府》〔註30〕為參考對象,加上各地方縣志,探討日治時期舊慣調查與慣習調查,所參考的資料,討論清代臺灣法令與占卜慣習,有無傳承與改變的地方。

(二)官方文書

依據臺灣總督府施行政策準則,各機關頒布的施政報告書,或是法院所頒布的法律命令等,可以深究官方政策處理民間習俗的因應之道。參考史料為臺灣總督府高等法院出版《臺法月報》〔註31〕,此刊物為官方最高法院的代表,法院所執行的判例、統計資料、慣習、雜錄、會報、時事等內容為要旨,這些內容的目的在於將殖民地法治與當地民俗作為議題討論,更進一步把法治內容結合當地民情,並且輔以臺灣總督府所做調查宗教社寺的政令書,以及處理宗教民俗的政策文書。例如:日治時期臺灣治安影響最深為警察制度,主要參考文獻為《臺灣總督府警察沿革誌第一篇》〔註32〕與《臺灣總督府警察沿革誌第二編——領臺以後的治安狀況》〔註33〕,從上述可知臺

〔註27〕施添福,《清代在臺漢人的祖籍分布和原鄉生活方式》,地理研究叢書第15號(臺北:臺灣師範大學地理學系,1987年)。

〔註28〕李國祁,〈清代臺灣社會的轉型〉,《中華學報》,5卷3期,1978年,頁131~159。

〔註29〕陳其南,〈土著化與內地化:清代臺灣社會的發展模式〉,《中國海洋發展史論文集(第一輯)》(臺北:中央研究院三民主義研究所),頁335~363。

〔註30〕〔清〕陳壽祺纂、魏敬中重纂、臺灣銀行經濟研究室編,《福建通志臺灣府》(臺北:臺灣銀行經濟研究室,1994年)。

〔註31〕千島兵次郎主編,《臺法月報》,1905年~1943年。

〔註32〕徐國章譯註、臺灣總督府警務局編,《臺灣總督府警察沿革誌第一篇》(南投:國史館臺灣文獻館,2005年)。

〔註33〕蔡伯壎譯、臺灣總督府警務局編,《臺灣總督府警察沿革誌第二編——領臺以後的治安狀況》(臺南:國立臺灣歷史博物館,2008年)。

灣民間叛亂與宗教迷信關係，以警察的調查角度了解臺灣社會概況。

（三）報紙、雜誌

　　生活史的分析，以報紙、雜誌的記載爲主。尤其巫覡術士進行占卜儀式都會鉅細靡遺的描述，例如民眾風靡民間習俗，供品花費多少、活動的熱鬧程度等，民眾參與熱烈的情形可見於報導上。報紙分成官方色彩較爲濃厚的《臺灣日日新報》〔註34〕，報紙發行量在當時爲龍頭地位，臺灣總督府把此報當作是政令宣導的重要公報，內容包羅萬象，占卜慣習所引發的社會案件，如詐財、詐色案件時有刊登。至於，民間組織色彩爲主導的報紙《臺灣青年》〔註35〕、《臺灣民報》〔註36〕，前者爲臺灣留學生在日本創辦的雜誌，報導國際上重要的新聞，特別強調新知識的傳遞爲重要的使命，「民主」與「科學」爲新聞重要素材，討論臺灣島內舊慣習俗，都有一系列相關議題的報導；後者《臺灣民報》爲前者後續的報紙，由當時臺灣知識分子一起籌辦的報紙，臺灣文化協會爲主要的發行機構，強調開啓民智、臺灣議會請願運動、臺灣自治、抨擊殖民體制的臺灣總督府等，其中占卜慣習相關的討論，有批判與議論的報導，甚至有改善的建議。《民俗臺灣》〔註37〕爲 1941 年所創辦的雜誌，皇民化運動如火如荼的進行，當時臺灣傳統習俗逐漸喪失，有感於這種隱憂的學者，日本學者與臺灣知識分子一起結合起來，創辦保存舊有臺灣民俗文化的調查雜誌。此雜誌蒐羅相當多臺灣民間傳統文化素材，包含物質民俗、社會民俗、精神民俗、語言民俗等，巫覡、術士、占卜慣習等素材主要集中於精神民俗的報導。《臺灣總督府府報》〔註38〕以臺灣總督府所發行的敕令、政令、法令宣導等功能，經過宗教調查以後，開始制定關於管理巫術人員的法令，官方面對從事民間信仰的巫術人員，其政策制定的過程變化，此類史料有助於了解官方的政令態度有何轉變。

（四）調查報告書

〔註34〕 《臺灣日日新報》，第 1〜15776 號，1898 年 5 月 6 日〜1941 年 1 月 31 日。
〔註35〕 《臺灣青年》，第 1〜4 卷，1920 年 7 月〜1922 年 2 月，（臺北：東方文化書局複刊，1974 年）。
〔註36〕 《臺灣民報》，第 1〜401 期，1923 年〜1930 年，（臺北：東方文化書局複刊，1974 年）。
〔註37〕 金關丈夫編、林川夫編譯，《民俗臺灣》，第一〜七輯（臺北：武陵出版社，1990〜1991 年）。
〔註38〕 臺灣總督府，《臺灣總督府府報》，1896 年〜1945 年。

以臺灣總督府 1901 年成立臨時臺灣舊慣調查會爲契機，開始著手展開調查臺灣法制舊慣，其中《臺灣私法》〔註 39〕爲其代表，清代舊有法制習慣，其中宗教類的法規，爲探討清代法律管理臺灣占卜慣習之法源依據。因 1915 年西來庵事件爆發後，臺灣全島開始大規模宗教調查，其中《臺灣宗教調查報告書》〔註 40〕爲臺灣官方第一份全面性的宗教調查，調查對象除儒、道、佛教外，還有外來宗教包含在內。《臺灣慣習記事》〔註 41〕爲臺灣慣習調查會的成果，包含各地民俗雜錄、問答、判例、法令、插畫等，其中記載民俗占卜有根源的探究與訪問。《臺灣舊慣習俗信仰》〔註 42〕作者鈴木清一郎爲日本警察，深入民間調查臺灣傳統習俗，各種傳統習俗有詳細的記載，介紹扮演溝通神人鬼三界的乩童、尪姨、道士，也包含術士所謂的算命師、風水師、相命師等，記載其占卜儀式過程。伊能嘉矩《臺灣文化志》〔註 43〕爲調查民間習俗文化集大成者，以人類學調查方式，調查對象有閩、粵籍漢人、平埔族、高山族等，民俗調查範圍廣泛與深入，有關占卜習俗的記載詳實。

（五）日記

日記的記載有豐富的生活史料，補足正史的不足。民間各式活動的記載，以當時生活環境爲寫照，從民眾的生活角度出發。尤其日記帶有個人情感抒發，呈現當事人的心情寫照，還有時人對政局的觀感與建言。以臺中豐原下南坑人張麗俊《水竹居主人日記》〔註 44〕爲研究對象，由於張麗俊是傳統的士人，他面臨臺灣政權轉換之遽變，從清朝統治轉換成日本統治，日記中舊慣習俗隨著時代政策的演變，當時生活史的寫照，可管窺之。

林獻堂《灌園先生日記》〔註 45〕爲另一代表，林獻堂爲臺灣文化協會的

〔註39〕臨時臺灣舊慣調查會著、陳金田譯，《臺灣私法》（南投：臺灣省文獻委員會，1992 年）。

〔註40〕臺灣總督府編，《臺灣宗教調查報告書第一卷》（臺北：捷幼出版社，1993 年）。

〔註41〕臺灣慣習研究會著、臺灣省文獻委員會譯編，《臺灣慣習記事第壹卷上——第四卷下》（臺中：臺灣省文獻委員會，1984 年～1989 年）。

〔註42〕鈴木清一郎著、高賢治、馮作民編譯，《臺灣舊慣習俗信仰》（臺北：眾文圖書公司，1981 年）。

〔註43〕伊能嘉矩著、臺灣省文獻會譯，《臺灣文化志》（臺中：臺灣書房出版有限公司，1991 年）。

〔註44〕張麗俊著、許雪姬、洪秋芬解讀，《水竹居主人日記》（臺北：中央研究院近代史研究所，2000～2004 年）。

〔註45〕林獻堂著、許雪姬等譯註，《灌園先生日記》（臺北：中央研究院臺灣史研究所籌備處，2000～2004 年）。

領導人員，也是帶領臺灣爭取臺灣民主、自治的鬥士。他接受過傳統漢學教育，一方面也不斷接受西方學術的影響，林獻堂創辦許多文化講習會，目的在於啓迪民智，對於傳統民間占卜慣習的觀感，在日記裡有些評論記載。

又，以新竹竹東人黃旺成的《黃旺成先生日記》〔註46〕爲研究對象，他曾擔任公學校的教師，對於學校生活與教學過程有其詳細的介紹。他本身是全臺知名的記者、評論家，在 1926 年進入臺灣民報社成爲記者，並且在 1932年擔任《臺灣新民報》的通信部長與新竹支局長，在任職時期評論社論時政，有其獨到辛辣之處。在黃日記裡有記載豐富的民俗活動、宗教史，有助於了解新竹地方的生活史情形，補足本篇論文地方民俗生活史的論述與引證的史料，加上黃旺成是地方知識菁英，是公學校老師，又是《臺灣民報》的記者，有一定的社會影響力，尤其他對民俗活動的見解，可以剖析知識分子如何看待民間習俗。另一代表，以《吳新榮日記全集》爲探討知識分子面對占卜慣習之觀感，吳新榮爲臺南鹽水港廳人（今臺南市將軍區），他身爲醫生，也曾加入《民俗臺灣》的編輯，對於臺灣傳統民俗有一定的理解與調查。

五、章節架構

此研究主要是日治時期臺灣巫覡術士相關的研究，分析和闡述國家公權力如何介入。在臺灣盛行占卜慣習之中，臺灣總督府如何採取適當的國家政策，以便調查與管理從事占卜爲業者。知識分子看待傳統占卜慣習與巫覡術士之活動，內部中的爭論與討論面向是剖析的重點。臺灣民眾參與巫覡術士之占卜活動的現象與影響也是值得解析的要點。全篇文章分成四個章節。

第一章民間與巫覡術士之互動，以日治時期官方政府採行舊慣調查與慣習調查，調查臺灣舊有法令與傳統禮俗，並且以日常生活民眾參與占卜活動，其中巫覡術士跟民眾之密切互動情形，所呈現各種風貌爲研究之重點。第一節清代臺灣占卜的傳承與類別，以臺灣占卜的歷史作爲敍述，描述其沿革與背景，並且以舊慣調查之結果，了解清代律令如何管理民間巫覡、術士。民間利用占卜慣習造成的叛亂，作爲討論的面向。第二節民間占卜儀式分類：主要區分民間占卜的形式與作用。第三節與民眾的關係，以民間占卜活動發展爲其觀察與研究面向，普羅大眾與巫覡、術士之間有何互動。第四節社會

〔註46〕黃旺成著、許雪姬編，《黃旺成先生日記》（臺北：中央研究院臺灣史研究所，2008～2012 年）。

問題，以巫覡術士所作活動於社會發生弊案來分析之，也就是從占卜活動中產生詐財、詐色、傷害等案件，剖析社會現象爲討論研究之要點。

　　第二章臺灣總督府對巫覡術士之政策，以官方角度施行的政策作爲討論，探討官方的觀感，以時間軸線劃分政策差異。第一節早期統治時期溫和主義與強制鎮壓的兩面策略：臺灣總督府治理臺灣初期，面對臺灣舊有占卜慣習，採取溫和容忍的態度，但是對挑戰臺灣總督府統治的巫、術者結社活動，卻採取鎮壓手段。第二節調查整備時期的策略，此時期官方政府加強宗教調查，並且制定相關法令，臺灣總督府爲達成邁入現代化的社會，針對巫覡、術士相關的占卜活動，調整政策，官方態度轉變的關鍵爲探討的重點。第三節彈壓緊縮時期的巫、術者，因皇民化運動的提倡，消滅固有宗教與革除陋習成爲奉行主軸，以國家公權力強力介入民間占卜慣習。

　　第三章臺灣知識分子對占卜之態度。第一節新舊知識分子的分野，以知識分子的世代內涵，對傳統習俗的包容與批判，作爲討論範疇。第二節傳統知識分子個案分析，以張麗俊作爲研究討論對象。第三節新舊知識分子的轉型，以林獻堂爲個案研究。第四節新知識分子的批判與妥協，以黃旺成、吳新榮爲分析的對象。

第一章　民間與巫覡術士之互動

　　明治 33 年（1900）由臺灣總督兒玉源太郎（1852～1906）擔任會長與民政長官後藤新平（1857～1929）擔任副會長，聯手領導臺灣慣習研究會，對於臺灣舊有風俗習慣有初步的了解。〔註1〕在明治 34 年（1901）成立臨時臺灣舊慣調查會，研究臺灣舊有私法制度，方便臺灣總督府建立統治的基礎。〔註2〕大正 4 年（1915）臺灣進入「調查與制度整備期」，因爲西來庵事件的影響，總督府開始採取大規模的宗教調查。〔註3〕各種民俗的調查，包括占卜文化，調查員撰寫許多占卜的神秘儀式，讓日本官員與知識分子產生了好奇感。民間的占卜慣習，可以追溯到清代臺灣，與大陸原鄉習俗之根源，在臺灣是如何的傳承及發展。

　　針對民間占卜慣習所使用的方式，作爲三種分類。透過自然徵兆、民間自行占卜方式、依靠巫覡、術士的占卜等三部分，作爲討論議題。特別對巫覡、術士所使用的儀式、術數，加以分類討論。

　　在日治時期臺灣民間活動中，巫覡、術士代表溝通神靈、預知未來、治療疾病等職業者，在民間社會扮演著重要的角色，解決生活上的疑難雜症，成爲互動網絡的重要環節。巫覡、術士執行占卜儀式、消災解厄、地宅風水、擇日或是治病儀式等，上述執行收取的費用，可以了解民間活動消費情形，

〔註1〕鄭政誠，《臺灣大調查：臨時臺灣舊慣調查會之研究》（臺北：博揚文化事業有限公司），頁 63～66。

〔註2〕黃昭堂著、黃英哲譯，《台灣總督府》（臺北：前衛出版社，2002 年），頁 86～87。

〔註3〕蔡錦堂，〈日本治臺時期的神道教與神社建造〉，頁 3～32。

也可知曉民眾對於巫、術者之觀感與互動。但是心懷不軌之徒，對於民眾要求，反而成為這些職業者執行犯罪的對象，詐欺、詐色等社會案件屢屢出現，成為官方頭痛的取締對象，民眾財產安全就有可能被不肖者覬覦，造成嚴重的損失，更進一步連健康性命都有可能賠上。社會案件顯示負面行為影響社會治安，當時的犯罪手法、有關當局處置、民眾受害狀況，都為觀察與討論的面向。本章即以清代臺灣占卜的傳承與類別、民間占卜儀式分類、與民眾的關係、社會問題等四節加以探討。

第一節　清代臺灣占卜的傳承與類別

占卜為早期原始民族對於事物缺乏足夠的認識，所以藉由超自然感應或儀式、術數等方式，預測未來事物，進而探討神秘學的活動。以美國學者 Julian Jaynes 的著作 The origin of consciousness in the breakdown of the bicameral mind 〔註 4〕對於占卜做了初步的分類方式，第一類為「預測及預測學」：最原始，最笨拙，但也是最持久不衰的方法對一系列奇怪事件的記錄；第二類為「抽籤」：這可以用木棍、骨頭、石頭、豆子等東西來製作；第三類為 Augury 占卜術：提供預測占卜，可以是定性的（如形狀、接近某事等）；第四類為「自由占卜」：沒有特定方法，實際上是其他占卜方法的衍生。

自中國古代的占卜觀念，可知曉巫覡是神明、鬼神的代言人，術士能按照陰陽五行之法與卜卦祖傳經典，人民相信兩者的預言，能左右他們吉凶禍福。在臺灣慣習調查〈關於中國古代之宗教觀念〉，有關宗教觀念與占卜儀式極為密切，汲汲於現世景象，更要知其未來，占神鬮、卜筮等。〔註 5〕

一、原鄉巫風傳承與巫覡形象

臺灣居民大部分來自於中國華南地區的福建、廣東兩省，為主要的移民省份。福建省的泉州和漳州兩府為臺灣主要組成人口來源，另外廣東省的潮州、惠州兩府同樣也是。根據伊能嘉矩（1867～1925）調查臺灣漢人社會，自清代以來，由於受到中國江南和閩粵一帶巫風的薰習與感染，一直保有「信

〔註 4〕Julian , Jaynes, The origin of consciousness in the breakdown of the bicameral mind , Boston : Houghton Mifflin, 1990.

〔註 5〕臺灣慣習研究會，〈關於中國古代之宗教觀念（四）〉，《臺灣慣習記事第貳卷下》，頁 202。

鬼重巫」的傳統。〔註6〕在民俗誌學上，日本的調查員研究臺灣的特殊民俗，與中國大陸原鄉有何種關聯性，其風俗習慣的準則如下：

（一）風俗習慣非具有永久不變之性質，適應時與地之關係，經常
變化其狀態。

（二）風俗習慣之變化，因其時與地之關係，有某一方已變化，但
其它一方仍永久保存著。〔註7〕

上述的規則，可以得知風俗習慣因地制宜，以融合當地的民俗風情，如地理上的境遇，就有番、漢風俗互採的方式，臺灣的尪姨就跟平埔族的女巫習俗有所融合；在風土上之關係，喪葬選擇山水，傳承中國原鄉傳統的習俗。〔註8〕

《淡水廳志》描述巫覡的儀式為：「有為乩童，扶輦跳躍，妄示方藥，手執刀劍，披髮剖額，以示神靈；有為紅姨，託名女佛，探人隱事：類皆乘間取利，信之者牢不可破。最盛者莫如石碇堡。」〔註9〕巫覡本身受到民眾的信賴，可以解決民眾日常生活問題，莫過於疾病的治療、未來事物的探求、趨吉避凶的考量，可見巫風盛行自清代臺灣就一直存在。

另外，探討臺灣移墾社會的民眾來自福建原鄉漳州、泉州一帶，對於巫風的情形：

居臺灣者皆內地人，故風俗與內地無異。婚喪沿俗禮，以貧富為豐
歉。俗信巫鬼，病者乞藥於神。輕生喜，善聚黨，亦皆漳、泉舊俗。

〔註10〕

可見原鄉地信巫鬼的慣習，在臺灣傳承下來，成為生命禮俗中，不可或缺的重要環節。

這種巫覡風俗的傳承，日本調查員報告書上描述從中國大陸的原鄉調查之中，粵之潮州習俗為尚鬼、言神、言佛，〔註11〕有一例子可表示當時粵之

〔註6〕伊能嘉矩著、臺灣省文獻會譯，《臺灣文化志》，中卷（臺中：臺灣省文獻委
員會，1991 年），頁 446～459。

〔註7〕梅陰子，〈臺灣島民之原籍地及其殊風特習之發生〉，《臺灣慣習記事第壹卷
上》，頁 125～126。

〔註8〕梅陰子，〈臺灣島民之原籍地及其殊風特習之發生〉，頁 125～126。

〔註9〕陳培桂撰，〈風俗考・風俗〉，《淡水廳志》，卷 11，頁 304。

〔註10〕陳壽祺撰、魏敬中重撰，〈風俗〉，《福建通志臺灣府》，卷 58（臺北：臺灣銀
行經濟研究室），頁 207。

〔註11〕無刑子，〈鹿洲裁判・邪教惑民〉，《臺灣慣習記事第貳卷下》，頁 85～86。

民眾，對於巫覡如此的重視，更是一種瘋狂的表現：

> 後天教，係經粵民詹與參及周阿五者之所倡，彼等自稱得白鬚仙公
> 之傳授以惑眾，……詹與參之妻，稱林氏者，亦稱妙貴仙姑，為後
> 天教主，其姦夫稱胡阿秋者輔之，而自稱筆峰仙公，以書符咒水之
> 術，而逞種種妖術。依其所倡，有病者依之可治，無子者依之得嗣，
> 甚至，得使寡婦在夜中與亡夫再會云。潮人篤信其術，舉縣為之如
> 狂，男女數百皆拜以為師，至其他澄海、揭陽、惠來、海豐等地之
> 縣民聞之遠來入門稱弟子者。〔註12〕

可見原鄉地的善男信女對靈驗者如此著迷，對清代臺灣移墾社會來說，受到
中國原鄉地巫風盛行，其風俗慣習移植臺灣社會，並且發展壯大。

二、追求方術風潮的傳承與術士形象

以方術為探討，方術為一種神祕活動的儀式，能通鬼神行隱顯變化秘幻
之術者，更是操其密術能左右人的命運，方術的主要形式可以分成下列幾種：

> （一）方術係以一種神通力，壓制有形勢力之發動，及可使靜止之
> 物體運動。
>
> （二）方術以一種神通力，無中生有，能將一物變化為他體。
>
> （三）方術以一種神通力，隱顯出沒，可得自在，又能行秘幻之奇
> 技。
>
> （四）方術以一種神通力，使役鬼神，招還幽魂，且能使死物為活
> 體。〔註13〕

操方術之術士，擁有操縱鬼神、預知未來等能力。臺灣地方盛行一種符仔仙
的神祕法術，《淡水廳志》記載：「符咒有殺人者，或以幻術，恣意淫慾，或
劫財殞命者。以符灰參雜煙茗檳榔之間，使人食之，迷悶不覺，致顛倒至死
者。其傳授漸廣。」〔註14〕上述術士有如此的神通廣大，操控別人的生命，
謀取錢財及女色，使術士冠上神秘又邪惡的形象。

在原鄉的廣東城隍廟前，為主要的聚會場所，其中有一個現象，也頗為

〔註12〕無刑子，〈鹿洲裁判・邪教惑民〉，頁85～86。
〔註13〕Baiin，〈中國之方術〉，《臺灣慣習記事第壹卷上》，頁196～199。
〔註14〕陳培桂撰，〈風俗考・風俗〉，《淡水廳志》，卷11（臺北：臺灣銀行經濟研究
　　　　室），頁304。

趣味的。在廟前的賣卜先生是龐大的集團，以賣卜為職業的人，可多達到 58
人左右，而且他們收入頗為可觀。〔註 15〕而臺灣在廟前、路邊，凡是有人群
聚集的地方，經常懸掛「吉凶卜卦」的招牌，這些賣卜者的形象多為留長鬍
的老爺爺或是雙眼盲目者，許多民眾前來廟宇社交聚會，往往就會給予一算，
即使不富裕的民眾，願出高價問卜。〔註 16〕由原鄉的現象相對照之下，就臺
灣風俗來看，依賴賣卜的現象是有相似之處。以神蹟預言吉凶，在當時可以
說是一窩蜂的前去朝聖：「潮洲西郊，附城村落之側，荒茅叢中，有兩柩蕭然
暴露……古柩能言未來吉凶，且能為人歛福消災，有求必應云，自是而至爭
相以神事之矣。」〔註 17〕謠言傳播加上民眾的聽信，能言未來吉凶，成了很
大的誘因，群眾的力量是很可觀的，造就日本官方針對漢人有迷信的刻板印
象。

三、術士預言叛亂與清政府律令管理

　　清朝政府常以嚴刑峻法來禁止宗教的結社活動。對於占卜國家未來運勢
的巫覡、術士，清政府認為是叛亂根源，是政府的眼中釘。清政府的律法規
定「凡陰陽術士，不許於大小文武官員之家妄言國家禍福；違者杖一百，其
依經推算星命卜課不在禁限。」〔註 18〕對妄斷國家未來命運衰亡的預言，蠱
惑民眾騷動與造反，以律令嚴格懲處：

> 妄言禍福，謂惑世誣民干涉國家之事者，術士妄作禍福之言，凡人
> 即起趨避之念。古來朝紳為術士所累害者多矣，故禁絕之；違者，
> 術士杖一百，其依經星卜，雖預言休咎，無關國家，不在妄言禍福
> 之限（律註解）。〔註 19〕

對於民間普通占卜之術，只要不要牽涉到國家命運，沒有擾亂民心造成聚眾
叛亂，基本上對民間占卜活動採取寬容的態度。

　　在《清朝之治匪例則》有嚴厲的規範：

　　一、妖言惑眾者處斬。

〔註 15〕李坪子，〈廣東地方風俗管見〉，《臺灣慣習記事第貳卷下》，頁 175。
〔註 16〕李坪，〈土人（指本島民）之占卜〉，《臺灣慣習記事第壹卷上》，頁 167～169。
〔註 17〕無刑子，〈鹿洲裁判‧古柩作孽〉，《臺灣慣習記事第貳卷下》，頁 186～187。
〔註 18〕臨時臺灣舊慣調查會著、陳金田譯，《臺灣私法》，頁 202。
〔註 19〕臨時臺灣舊慣調查會，《臺灣私法人事編》（南投：臺灣省文獻委員會，1994
　　　　年），頁 224。

二、傳授邪教及學習者處斬。

三、結黨劫掠以銃強行者處斬。

四、兵勇等勾通邪教匪類者處斬。

五、隱匿邪教匪類，監禁五年，家屋財產一切充公。

六、同族通村有匪類而不告者族長村長監禁一年地保監禁三年。

七、設壇習邪教之處充為公有其告發者即以房產賞之。

八、捕獲邪教匪類者首犯一名賞銀二百兩抵首犯一名出告而得捕獲
者賞以半額。〔註20〕

雖然律令的懲罰如此嚴苛，但是在民間巫術者妄斷預言占卜，並未能禁絕。
伊能嘉矩曾舉出清代臺灣匪亂的原因，多起於利用迷信。如康熙40年（1702）
諸羅劉卻唱之亂，即以屋舍每夜紅光燭天，當作異常的徵兆，加上兒戲之異
兆為奇祥的代表，投合無智愚民之迷信。另外，康熙60年（1721）朱一貴事
件，也是倡言天有異象藉機起事。〔註21〕伊能嘉矩曾批判臺灣民眾的迷信：

中國人從來具有迷信強且大之先天性，近如拳匪之徒，另一方面利
用愚民的迷信，大清律令中特設壓制迷信條文：褻瀆神明律、術士
妄言禍福律、禁止師巫邪術律、喪葬律。

台灣島民，在中國人中以迷信之深著稱之漳、泉地方移殖之人民，
海島開化進度遲緩。〔註22〕

清代臺灣的動亂往往和迷信有關，主事者利用迷信，捏造神蹟，以能預言未
來，加上奇異的儀式與自然的徵兆，聚眾為亂。政府想要以公權力改變，結
果還是防不慎防。

福建與廣東的移民，在臺灣開墾與生根。其移民文化風俗，可視為漢文
化之傳承，再加上臺灣開墾初期，水土不服、生番危害，心靈安慰與疾病治
療等需求，往往求助宗教，而宗教裡的占卜儀式，亦為臺灣移民者所仰賴，
可帶來安定感，使開墾的先民在精神上有所寄託。原鄉生活的方式是臺灣占
卜慣習盛行的遠因之一。清朝政府管理巫覡、術士的政策，律令制定的嚴苛

〔註20〕 臺灣慣習研究會，〈清朝之治匪例則〉，《臺灣慣習記事第貳卷上》，頁188～
189。

〔註21〕 伊能嘉矩，〈迷信之勢力及影響〉，《臺灣慣習記事第壹卷上》，頁115～116。

〔註22〕 伊能嘉矩，〈迷信之勢力及影響〉，《臺灣慣習記事第壹卷上》，頁115～116。

要杜絕預言擾亂人心造成民間叛亂的情形，雖然公權力的介入下，清代臺灣動亂的主事者還是不斷利用預言起事，結果還是杜絕不了此類情形的再發生，民間的占卜慣習是種根深蒂固的現象。

第二節　民間占卜儀式分類

占卜的定義，可分廣義與狹義兩方面。廣義的占卜，包含民俗慣習中預知未來或是徵兆，代表人類想要了解世界的本質與現象，尤其對超自然世界的理解，自然界各種徵兆代表影響未來各種可能性。隱含民間對於神鬼的崇敬，祈禱神鬼降臨福祉或是避免凶險，神鬼的意旨需要透過某些器具進行溝通。狹義的占卜，是透過巫覡、術士等專業人士執行儀式，溝通鬼神、預知未來吉凶禍福、探知病因等。這種透過專業人員經由儀式操作，接神交鬼的特殊溝通，排解人們恐懼、焦慮與絕望的心情，獲得心理的慰藉與生存力量。從「通神」到「神通」，表達占卜具有人與神合為一體，顯示靈感思維之正面文化價值。〔註23〕

民間的占卜方式包羅萬象，從占卜的分類來說，占卜方式有：一、自然徵兆的卜卦；二、民間自行占卜方式；三、依靠巫覡、術士卜卦的儀式。〔註24〕以自然界的現象，判定「吉兆」或「凶兆」屬於第一類。以人為的方式，請求神靈示兆，如「擲筊杯」為民間常見自行占卜的方式，屬於第二類。透過「巫覡」、「術士」，舉行儀式，溝通鬼神，以替人消災解厄，他們依照中國古代「天命宇宙觀」的理論，透過八卦、五行、方位、干支、術數等，占卜命運，替人趨吉避凶，屬於第三類。〔註25〕

一、自然徵兆的卜卦

自然徵兆以感官知覺，觀察自然的異象，作為未來預言的判準。臺灣民眾對於異常的自然現象，通常套以一種壞的預測，擔心未來可能發生的事情，如狗登上屋頂，是將有火難之前兆，要請道士舉行鎮火儀式：

先以桶盛滿水，混以燒神符之灰，道士手持一枝竹，喃喃咒語，一面將竹葉浸入桶內之神水，在門前揮灑，如我國（指日本）神事之

〔註23〕鄭志明，〈巫術的文化意識〉，《宗教神話與巫術儀式》，頁32。
〔註24〕董芳苑，〈天命思想之流弊〉，《臺灣民間宗教信仰》，頁219～224。
〔註25〕董芳苑，〈天命思想之流弊〉，《臺灣民間宗教信仰》，頁219～224。

探湯儀式，如此由當家而及近鄰，舉行鎮火之符咒。〔註26〕以上的儀式，需要靠道士的協助，才能趨吉避凶，民眾對道士掌握改變未來的能力，深信不疑。

臺灣的地理環境，多山與多溪流，造就環境的多樣性。開墾臺灣初期，臺灣被視作瘴癘之地。溪流的清濁，被視為預測發生動亂的徵兆。民眾普遍相信水的跡象為自然預言的一種：「水之奇跡，更有兆示人事之變動者，橫流臺西中部之濁水溪，常混有黑色粘板岩之碎末，因為其水流甚急，直到河口，皆不沉澱，水色帶黑濁。雲林採訪冊，解之曰，黃河五百年，一清時，必有聖人之在位者，而此溪之水，混濁類似黃河，然而溪水一度澄清，臺地必生叛亂，同治元年水清三日，戴萬生作亂，幾及三年，光緒十三年，水清半刻，以施九緞丈田之事，而激民變，攻襲彰化，旋經剿撫而解散，故老者云，溪清日數之多寡，則相應寇盜與滅之久速，屢試不爽云。」〔註27〕

臺灣多山民眾也相信山的徵兆，與災禍做連結。或以山的形式預言戰亂：「山之觀念，迷信之雲，深且增高奇異，竟至相傳神的事實。『臺灣紀略』載曰：大岡山，相傳，國有大事時，此山必先鳴。『赤崁筆談』載曰：朱一貴，辛丑作亂時，南路之魁偶山裂，其石截然，如刀畫之狀，諸羅山顛崩，噴其顛沙，如血，土人謂之，兩山相戰也。雲林採訪冊，亦將附會歷史曰：咸豐十一年，大尖山崩，後戴萬生反叛。光緒十四年，大尖山崩，是歲施九緞煽亂。」〔註28〕

此外，也有以漁夫下網占降雨與否：「即曳網而得黑色之魚時，乃為吉兆，即為通天黑雲將降雨之兆，倘所得為紅色之魚時，即為凶兆，此為炎熱紅煌無雨之兆。」〔註29〕也有以動植物預測戰亂之徵兆：「士人相傳，辛丑之變（康熙六十年朱一貴之亂）時，刺桐竟全不開花。」〔註30〕溪河之流變，動物之異常舉動，徵兆未來有災禍動亂發生：

康熙六十年春三月，大雨如注，山摧川溢，溪澗閼塞，田園沙壓。
瀨口（台南之海濱）有大牛冒雨犇騰，下岸入水，過三鯤身登陸：

〔註26〕臺灣慣習研究會，〈臺灣之迷信・鎮火之符咒〉，《臺灣慣習記事第貳卷上》，頁180。
〔註27〕臺灣慣習研究會，〈臺灣之水〉，《臺灣慣習記事第參卷上》，頁91。
〔註28〕梅陰子，〈多山之臺灣〉，《臺灣慣習記事第參卷上》，頁257。
〔註29〕望霓子，〈東西南北・求雨〉，《臺灣慣習記事第參卷上》，頁101。
〔註30〕臺灣慣習研究會，〈迷信的動植物〉，《臺灣慣習記事第參卷下》，頁256～257。

由鎮城從大橋頭入海，出大港而出，小艇追之不及。此不知爲鱷、
是鯨，或是水牛？蓋兆示鴨母之亂云。〔註31〕

自然占卜方式，大致上可歸納成四種：第一種爲觀察山的異象，以山岳之鳴
動崩裂等，作爲亂兆。第二種爲觀察水的跡象，以河泉之湧枯及異常，作爲
變兆。第三種爲觀察生物的動向，出現奇異的動物及草木榮枯違反時令，作
爲凶兆。〔註32〕第四種爲人的經驗累積。

二、民間自行操作的占卜

自行操作的占卜，以「聖筶」、「聖籤」爲最普遍的方式。下面爲聖筶、
聖籤的解釋：

（一）聖筶：蓋聖筶之卜法，簡單之方法，雖目不識丁之婦女亦能
占之，因此紳士占，苦力亦占，女婢、徒弟亦能占之，爲今日最盛
之占卜也。

（二）聖籤：只依籤詩解其大意，不明其巨細之點，尚需請住持、
廟祝等說明。〔註33〕

聖筶即爲茭杯，藉由上述兩種卜具，是由民眾直接與神明交涉，神明給與指
示。

上述的方式，可依靠廟祝或住持解籤詩，了解完整的意義。在《民俗臺
灣》雜誌上，有關擲筊杯的記載：

一般的擲杯次數爲三次，聖、聖、陰是最吉祥的；聖、聖、聖爲第
二吉；聖、陰、陰是吉凶不明；而代表兇的則有聖、笑、笑，聖、
笑、聖，陰、笑、聖和陰、陰、陰等。但是在臺灣，大部分的人都
是擲杯數次一直到「吉」出現爲止。如果擲杯出現「吉」的時候，
人們就認爲是神答應了。但如果出現的是「否」人們又會不斷地擲
杯一直到滿意爲止。這麼一來到底是哪一個才是神的本意，就搞不
清楚。有人抽籤的時候也要問筶的吉凶，如果是凶還得重新抽一支。
這種反覆數次的占卜具可說是台灣民俗的特徵。〔註34〕

〔註31〕余文儀主修，〈雜記〉，《續修臺灣府志（下）》卷19（臺北：行政院文化建設
　　　　委員會，2007年），頁860。
〔註32〕臺灣慣習研究會，〈迷信的動植物〉，《臺灣慣習記事第參卷下》，頁256～257。
〔註33〕李坪，〈士人（指當地人）之占卜〉，《臺灣慣習記事第壹卷上》，頁130～131。
〔註34〕中村哲，〈筶（占卜具）〉，《民俗臺灣》，第六輯，頁85。

　　聖籤常常與筶結合在一起，這兩種卜具，常在寺廟裡出現，可以說是互相補充占卜不足之處。不過，上述的學者表達出這種卜具反覆機率的特徵，更質疑此卜具的可信度。但是，民眾特別相信這種方式，認為是神明的旨意，具有一定的可信度。藉由擲茭杯活動，可了解民眾實行的生活樣貌：

　　　　那天是家兄的忌日，……，我們一個個上了香後不久，祖母在她房
　　　　裡就交待說：「青絹擲擲杯筊問你哥哥吃飽了沒？」……我很喜歡擲
　　　　杯筊，因為可用杯筊問問神明，自己的願望能不能達成，非常方便。
　　　　〔註35〕

臺灣民眾對於筊杯的信任，可以說是處處仰賴。

　　聖籤的功用，非常多樣，舉凡生活上的問題都可作為諮詢，例如：提親、疾病、旅行、訴訟、考試、經商等，都可藉由求取神籤給予指示，其抽籤的方式：

　　　　竹製神籤有百支左右，印有神籤詩句的紙張，依序印上號碼。參拜
　　　　者在神佛前，從圓形的籤筒中抽出寫有號碼的神籤，然後再依神籤
　　　　的號碼找出印有詩句的紙札。……從第一號到第一百號的神籤當
　　　　中，分大吉、中吉、中平、下下籤等。〔註36〕

聖籤通常由竹子或木頭材料製成，籤數以六十至一百二十支為限，籤上號碼搭配天干地支或是數字。依照籤詩上的詩句，判斷運氣的吉凶，作為參考。而且廟宇會預先備有聖籤說明書，對照聖籤上的號碼，參照說明。籤詩不脫下列各種問題：一、求財。二、婚姻。三、出產。四、占病。五、通信。六、商事。七、功名。八、月令。九、祭墓。十、轉居。十一、尋人。十二、出外。十三、失物。十四、求雨。〔註37〕

〔註35〕徐氏青絹，〈擲筶（擲杯筊）〉，《民俗臺灣》，第三輯，頁121。
〔註36〕江肖梅，〈神籤〉，《民俗臺灣》，第四輯，頁226。
〔註37〕片岡巖，《臺灣風俗誌》（東京：青史社，1983年），頁895～896。

圖 1-2-1：臺南竹溪寺靈籤　　　圖 1-2-2：臺南灣裡庄萬年殿聖籤

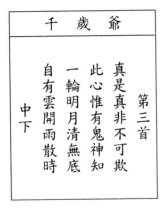

圖 1-2-3：臺南岳帝廟籤

資料來源：片岡巖，《台灣風俗誌》，頁 895～896。

　　三個聖籤詩句主要請文人幫忙撰寫，並且有一定的定本作為聖籤樣式。此聖籤兼具有文學價值，詩句的優美與否，與寫作文人的功力有關。

　　此外，藥籤為聖籤的另一種形式，當時民間社會尋找醫生不太容易，醫生的診察費用對於民眾來說是相當可觀的。由於醫藥的知識不普及，社會大

眾普遍信任藥籤。藥籤通常根據漢醫藥方，藥材多以植物、動物為主。藥籤求取方式與聖籤求取方式一致，藥籤上面有號碼可作參照，取其藥箋就可以向中藥店購買藥材，其中還包含許多危險劇毒的藥材。〔註 38〕

東岳殿天醫真人

貳參首　小兒半服
麥芽、麥文冬、各一匁。
蟬退、柿蒂、各一箇。淡
竹葉、一匁半。水碗二煎
五分。

圖 1-2-4：臺南岳帝廟藥箋

同　上

百〇三首　小兒半服
竹如、槐花、木賊各一
匁。川連、白芷、各四分。
膽草、七分。鳳凰退七
箇。水一碗煎五分。

圖 1-2-5　臺南岳帝廟藥箋

資料來源：片岡巖，《台灣風俗誌》，頁 897～898。

藥籤用藥的分量，以成年人的用量為基準，兒童的分量在藥籤標示半量。而藥籤的撰寫人，必須懂得漢醫基礎藥材的藥性，才能寫出具療效的指示。當時擔任臺南地方法院通譯官片岡巖，奉命調查臺灣舊慣風俗。他觀察臺灣人使用藥籤的習慣，特別是有些藥材使他感到迷惑，例如「中白」還有「千年水」就是俗稱人類的大小便，讓他感到不可思議。其他像是蝙蝠的糞便稱為「夜明砂」，廁所的蛆稱為「天漿子」，蚯蚓稱為「土龍」，這些奇妙的東西都可以當作藥材來使用。民眾尋求醫療的習性，不尋求漢醫診斷疾病，全按照藥籤，藥量多寡全憑神意，此為社會風氣與慣性所致，傾向神意大於漢醫的診治。但是，這些藥材的來歷，有劇毒之物等包含在內，使片岡巖質疑聖籤的醫療功能。〔註 39〕

以節氣慶祝，實行占卜。實行者大部分是女性，如使用冬至湯圓的占卜

〔註 38〕片岡巖，《臺灣風俗誌》，頁 897。
〔註 39〕片岡巖，《臺灣風俗誌》，頁 898。

法，根據湯圓的形狀預測孕婦腹中胎兒的性別：「已搓好但未煮熟的圓仔，拿來用火烤，圓仔烤熱了會膨脹起來，如果膨脹沒有破，那麼腹中的小孩就是男的；反之膨脹後就破了的話，就是女孩兒。」〔註40〕此外，在元宵月圓時，所作的占卜方式為「聽香問卜」。婦女獨自一人在神前燒香問卜，使用筊杯詢問神明，擲杯結果顯示一陰一陽，則表示得到神明的認可。這時問者就會順著香煙的方向去聽話語，最後再回到神前擲杯，確認所聽到的話是否為答案。〔註41〕

　　未婚女性所作的占卜，以「椅子姑」為主要的方式，節氣限定在上元節及中秋節。此種算命方式，通常盛行未婚姑娘們之間。首先要準備一個神明可以附身的替代品，例如椅子、竹籠子、畚箕、掃把之類的家具，將它做成年輕女孩的模樣。因為各地方習俗的不同，所利用的東西和做法有些差異。〔註42〕實施占卜的方式如：

> 在竹椅上立一根飯勺，然後用紅布巾將竹椅蓋住……然後用一根竹棒穿過其間，並且在竹椅上面放一個手提籃，再用紅色的衣服蓋住竹椅。接著就是要在上面擺一些供物，例如胭脂、白粉、果物、花、剪刀、尺和鏡子。一切整理就緒後，由兩位姑娘各握椅子腳，於是大夥兒唱著歌以招來椅子姑的神靈。……不久椅仔姑的靈就來了，這時聽說椅子會很重。接著姑娘們就可問各種問題，椅仔姑會以飯匙的頭前後擺動，並敲水桶底部來回答問題。〔註43〕

上述占卜方式，基本上沒有所謂巫覡或是術士從旁協助，完全自行操作。民眾在科學知識不普遍，所有自然現象無法解釋，或是生活上的問題無法解決之時，追求神的解答成為一個明確的方向，透過自己操作得占卜，問題解答成了當事人最好的指引。

三、依靠巫覡、術士的占卜類別

（一）巫覡

　　臺灣社會巫覡區分成乩童、法師、尪姨這三種為主。連橫（1878～1936）

〔註40〕福原椿一郎，〈民俗種種〉，《民俗臺灣》，第三輯，頁134。
〔註41〕吳槐，〈上元考·聽香〉，《民俗臺灣》，第七輯，頁12。
〔註42〕吳槐，〈椅子姑考（上）〉，《民俗臺灣》，第四輯，頁236。
〔註43〕池田敏雄，〈椅子姑考〉，《民俗臺灣》，第一輯，頁24～25。

對巫覡作了一些介紹：

> 其足惑世誣民者，莫如巫覡。台灣巫覡凡有數種，一曰瞽師，賣卜
> 爲生，所祀之神，爲鬼谷子，師弟相承，祕不授人，造蠱壓勝，以
> 售其奸；二曰法師，不人不道，紅帕白裳，禹步作法，口念眞言，
> 手持蛇索，沸油於鼎，謂可驅邪；三曰紅姨，是走無常，能攝鬼魂，
> 與人對語，九天玄女，據之以言，出入閨房，刺人隱事；四曰乩童，
> 裸體散髮，距躍曲踴，狀若中風，割舌刺背，鮮血淋漓，神所憑依，
> 創而不痛；五曰王祿，是有魔術，剪紙爲人，驅之來往，業兼醫卜，
> 亦能念咒，詛人死病，以遂其生，凡此皆道教之末流，而變本加厲
> 者也。〔註44〕

連橫把巫覡劃分成五類，大致上不脫離乩童、法師、尪姨的範疇。除了上述
三種外，其它兩種，一者爲瞽師，另一者爲王祿。巫覡具有神祕令人恐懼的
形象，在文論中被視爲道教的末流，人民以敬怕的心理，相信所作所爲，爲
神的代理人，但在士人眼中被視爲怪力亂神。但是，對於巫覡的評價，通常
是不太公允的一件事，正確來說幫助民眾的事情是一項正面的形象，民眾視
爲救世主的象徵，能幫人消災解厄，是當時民眾重要的精神定心丸。

1. 法師

法師（即道士）爲介紹，廣義來說法師運用魔術或是法力替人消災解厄，
運用符咒或靈水助人治病及補運。狹義來說，大致可區分爲紅頭師公與黑頭師
公，前者主要處理生者事宜爲主，像是補運、解煞、廟裡節慶祝禱活動等，後
者則是處理亡者事宜，如爲亡者祈冥福、超渡法事等。〔註45〕法師大致可分成
三類的法術，第一項爲「關落陰」，也稱作「靈降」，使案主靈魂通往黃泉之術，
在當時流行於婦女之間，甚至少數知識階級也相當相信這項法術。〔註46〕求助
「關落陰」多半是民眾運勢低落常走霉運、爲病魔所苦、喪失親人等，執行這
項法術，是由案主充作被術者，或委託他人代理被術者。被術者必須是易中此
術的婦女，法師使被術者坐在椅子上，眼睛被黑布蓋住，法師運用哪吒太子的
神力，並且燒香與金紙來禱告，而且使用尺或竹竿敲打桌子，一邊反覆唸著通
往陰間的咒語，過了許久被術者逐漸進入到不省人事的昏迷狀態，被當時鈴木

〔註44〕 連橫，《臺灣通史》（南投：臺灣省文獻委員會，1992年），頁652。
〔註45〕 臺灣總督府編，《臺灣宗教調查報告書第一卷》，頁97~98。
〔註46〕 鈴木清一郎著、馮作民譯，《臺灣舊慣習俗信仰》，頁68。

清一郎巡查認爲是一種催眠術。〔註47〕法師運用咒語帶領被術者進入陰間，讓她看想見的活人元神和死者的靈魂，聆聽元神和靈魂訴說在陰間的喜怒哀樂等各種感受，或受委託人問明案主家人所生的疾病原因，是否能治好或者死亡等，元神笑容滿面，代表身體健康運勢大吉；元神愁容滿面，代表身體欠佳運勢不好。此外，婦女的元神爲花樹的代表，開花顏色有各自代表的意義，〔註48〕根據花樹茂盛與否，推算婦女的運勢好壞。假如被術者問出運勢差，就會擇日再來改運，法師將會請羅車太子出壇，重新唸咒文祈求案主轉運。〔註49〕

　　法師第二項法術爲「關輦」，又稱作是「輦轎」。由兩人扛起神轎，法師和桌頭先生燒金紙向神祈禱，法師唸起咒文：「XX 神阿！請你爲 X 地 X 年 X 月 X 日生的 XX，在此手乩降乩，諭知疾病的療法，以及有關的 XX 的吉凶禍福！」〔註50〕法師說完後把神諭靠向手乩的身體，輦轎開始上下左右搖晃，這種現象代表神的降臨。神諭會顯現在桌子已鋪好的米糠或細砂上，畫著類似圖案或是文字的「乩字」。桌頭先生會試著解釋這些乩字，並且靠乩字決定治療民眾疾病的藥方或判斷運氣的吉凶禍福。有關於「關輦」儀式，如以民間盛行的降筆會爲例。降筆會成員可區分成正鸞、副鸞、堂守、宣講、鈔錄等。執行降筆法術爲鸞生焚香燒金，宣讀經書後，在桌上鋪上砂子，由兩位鸞生持三叉形像木槌的柳筆，兩位鸞生被稱作柳乩，至於其他鸞生一直焚香燒金祈禱，少片刻柳乩開始顫動，柳筆隨之搖動，此爲神降臨之時刻，上面所劃之痕跡，即爲神託，抄錄在旁邊記錄，由宣講解釋內容，服用何處水或土，告知偏方，幫助民眾治病，也可預知未來。〔註51〕更有以服神廟之香灰來戒鴉片。〔註52〕

　　第三項爲「調營」，法師招請神將天兵，指揮祂們鎮壓惡魔邪氣，形成神聖空間。在廟前舉行，每六人爲一組，第一次調營稱爲「文營」，在手捧持令旗者的指揮下，各法官手拿五方旗作幾次調營；第二次調營叫作「武營」，由

〔註47〕鈴木清一郎著、馮作民譯，《臺灣舊慣習俗信仰》，頁 68。
〔註48〕婦女元神花樹開花，可以判斷是否生男育女，所開之花爲白色，代表爲生男之徵，則開紅花，代表生女之徵。
〔註49〕鈴木清一郎著、馮作民譯，《臺灣舊慣習俗信仰》，頁 69。
〔註50〕鈴木清一郎著、馮作民譯，《臺灣舊慣習俗信仰》，頁 70。
〔註51〕片岡嚴著、陳金田、馮作民合譯，《臺灣風俗志》（臺北：大立出版社，1981年），頁 2～3。
〔註52〕王世慶，〈日據初期台灣之降筆會與戒煙運動〉，收入王著《清代台灣社會經濟》，頁 111～151。

持刀者兩人，手持刺球者兩人，持淨鞭者兩人，隨著金鼓聲音的節奏舞蹈，招來武營將軍、三十六軍將、七十二地煞等神降天兵，以鎮壓惡魔邪鬼。〔註53〕以五營形式，守衛五個方位，構成神聖淨潔的空間，每一個村落都是一個獨立自主的防衛團體，是以村廟為中心，五營為邊界的守衛單位。〔註54〕此空間常設置厭勝物，以五營、五方廟宇、五方符鎮守五方，達成空間均衡與和諧，呈現神聖領域。〔註55〕

2. 符法師

符法師分成兩派「符仔路」和「葉仔路」。實行「符仔路」要向師父發誓，而且要有「孤貧夭」（孤獨、貧窮、夭折）的覺悟。況且此種符法術是一種邪法，假如做了這項法術，以後會遭受到因果報應，也就是「孤貧夭」其中一種，沒有辦法承受報應的勇氣，就不能成為符法師的弟子。師父會考驗弟子的膽量和殘忍性，如命令弟子裝有一碗飯，把它丟在廁所裡，因為在臺灣的傳統觀念裡，糟蹋五穀會被雷擊，所以敢去倒掉，師父就認為弟子膽量大，能作普通人不敢做的事情，經過長時間的磨練，師父才會傳授祕術。符法師另一套法術為「葉仔路」，運用植物葉子所作的魔術，可以離間夫妻感情，或是言歸於好，又或是使人發狂，也能治癒因邪靈作祟產生的疾病。而且符法師能使用紙造的人隨自己驅使，派它謀害他人。在民間社會常有「鬥符法」的爭執出現，符法師彼此作法比劃技術高低，沒有人調解之下，據說會鬥到你死我活的境界為止。〔註56〕

3. 乩童

乩童常被社會大眾視為溝通神鬼的重要管道。乩童奉祀的神明有各式各樣的神祇，主要以玄天上帝、王爺（可分成朱王爺、溫王爺、池王爺）、太子爺、關帝爺、東嶽大帝、三奶夫人等。〔註57〕乩童施展的法術可區分幾項來說明，以「問病」為例，生病的家屬詢問乩童能否治癒，乩童說話告知，其旨意使家屬不懂之際，則要依靠法師翻譯病因、藥方、治療方式等，此現象

〔註53〕鈴木清一郎著、馮作民譯，《臺灣舊慣習俗信仰》，頁70。

〔註54〕方鳳玉、邱上嘉，〈臺灣西南沿海地區的五營形式〉，《臺灣美術》，第53期，2003年，頁62。

〔註55〕呂理政，《天、人、社會——試論中國傳統的宇宙認知模型》（臺北：中央研究院民族學研究所，1990年），頁9。

〔註56〕鈴木清一郎著、馮作民譯，《臺灣舊慣習俗信仰》，頁70～71。

〔註57〕鈴木清一郎著、馮作民譯，《臺灣舊慣習俗信仰》，頁72。

透露出民間「信巫不信醫」。其他法術如「上天庭」為病弱者請乩童祈求長壽，乩童作法後，仰臥在釘床上，去謁見南極星君，請求案主長壽。法術之「落地府」，由於病人生了嚴重的疾病，請乩童到地府謁見閻羅王，請示病人死期為何，以此告知家屬。此外，另一項法術是「驅邪」，家中有災厄發生，民眾相信是邪鬼作祟，請乩童驅邪，以神明降託於身，拔劍亂舞，接著在鍋中盛油點火，巡視房屋四周，代表邪鬼藉由神力在油鍋中炸死了。其他像是插五針〔註58〕、剖頭〔註59〕、刺毬〔註60〕、骨刀〔註61〕，乩童藉由傷害身體，顯示神靈護體。乩童還會運用「黑旗」，使黑旗觸碰他人的身體，能增強人對抗任何惡疫的威脅。〔註62〕

4. 尫姨

女巫即尫姨主要的占卜儀式可區分成幾項。一、「問佛」：即是替民眾解答任何生活疑難雜症，神佛降臨女巫身上，預言病人如何醫治、貴人何處尋、女子生產日期、失物可否尋獲，以及祈禱長壽。二、「牽亡」：即用絲線兩端穿針，一端插在神主上，另一端插在女巫頭髮，然後女巫口唸咒語，並將死者之靈魂降臨自己身上，代替亡靈答覆家人所問的事情。三、「換斗」：改變胎兒性別的法術，依照孕婦的要求，女巫祈禱作法，使胎兒性別男女轉換。四、「解厄」：解除病人災厄，如病人為子年生，依照十二生肖，即製造鼠形紙，和柳枝或是桃枝一起用金紙（冥紙）捆包起來，外面再包解厄紙藏在病人床底下，之後遵照神明指示的時間、地點、方向燒化掉，藉由這項儀式使病人痊癒。〔註63〕一般婦女雖然都很迷信這類法術，不過臺灣卻有一句嘲笑此職業的格言，也就是「尫姨嘴，糊纍纍」女巫的話是胡說八道。〔註64〕

（二）術士

術士被社會大眾視為上九流〔註65〕，雖然與巫覡常被一起視為靠占卜維

〔註58〕乩童降神後，與神明感應中，用針刺自己兩頰、兩股、兩腕等法術。

〔註59〕乩童用劍傷自己頭部，使全身染血的法術。

〔註60〕乩童操弄佈滿針木狀的球體傷害自己的身體。

〔註61〕乩童使用鯨骨製銳利的刀傷自己身軀，在祭日時，會在神轎上表演，表現自己藉由神力，能認受任何痛苦。

〔註62〕片崗巖著、陳金田、馮作民合譯，《臺灣風俗志》，頁4～5。

〔註63〕片崗巖著、陳金田、馮作民合譯，《臺灣風俗志》，頁6～7。

〔註64〕鈴木清一郎著、馮作民譯，《臺灣舊慣習俗信仰》，頁78。

〔註65〕可參見鈴木清一郎著、馮作民譯，《臺灣舊慣習俗信仰》，頁13～16。民間社會視職業貴賤分成上、下九流，其中上九流的職業：「師爺」為地方官的顧問；

生的職業，但是術士非僧侶亦非道士，更與下九流的巫覡社會地位相比就全然不同。然而術士的種類繁多以日師、星師、地理師、相命、命卜這五類為主。下列為五種術士的介紹：

1. 日師：俗稱「看日先生」，依據陰陽五行說，判斷婚姻、送葬、建築、旅行等吉凶禍福。

2. 星師：俗稱「算命先生」，依據陰陽五行說，以人的生辰為基礎推算其將來命運。

3. 地理師：分析地脈，判斷有關墳墓或家屋的方位吉凶。

4. 相命：相人面貌及掌形，判斷其將來運氣，此種相法不無採用陰陽五行說的形跡。其餘有觀人氣色，判斷其運氣的「觀氣色」，及聽人聲音判斷其未來吉凶的「聽聲」。

5. 命卜：又稱卜卦，並分為龜卦與米卦兩種。龜卦是在龜殼內放入三枚古錢，然後搖出，並以古錢的表面（陽）及裏面（陰）為八卦之一，如此反覆再試後，算出六十四卦判斷。米卦是令問卜者撿起若干白米後，以每八粒為單位，算出畸零作為八卦之一，再試後算出六十四卦之一判斷，皆占卜人事吉凶。台灣命卜皆是盲人，大多敲牛角沿街招攬生意。〔註66〕

術士指稱山、醫、命、卜、相五大職業，「山」就是看地理風水之術，所謂的地理師，以陰陽五行為本，觀看龍脈的形式，其職掌有：為神佛選擇寺廟、安排死者擇墳墓、替生者挑選住宅、代村莊選建地，以吉地免除災殃招來幸福。尤其大家族的墳墓特別重視風水福地，得到好風水的墓地，能加蔭後代子孫的福氣。家宅興旺與否，也跟家宅建築風水有所關連，家宅門戶面

「醫生」；「畫工」；「地理師」又叫堪輿先生，為喪家看風水；「卜卦」稱為卜卦先生，幫人占卜吉凶禍福；「相命」利用星宿和陰陽五行之術，助人推算命運；「和尚」；「道士」俗稱司公，有分成紅頭和烏頭兩種；「琴師」另稱琴棋，主要精通琴術與棋術的高級音樂師，多為讀書人出身。下九流的職業：「娼女」就是娼妓，分成賣藝的藝姐，或是賣淫的做婊；「優」稱作唱戲的；「巫者」為巫女或巫覡；「樂人」俗稱鼓吹，受催他人以鑼鼓和喇叭為主的樂器，替人辦婚喪喜事；「牽豬哥」牽著大公豬，巡迴各地為農家所養母豬配種；「剃頭」為理髮業者，多半是樂人兼職；「僕婢」奴才和婢女；「拿龍」按摩師；「土公」為人埋葬屍體和洗骨、埋骨為專業的人。

〔註66〕臨時臺灣舊慣調查會著、陳金田譯，《臺灣私法》，頁201。

向哪個方位，家宅格局的安排，尋求地理師的建言，以此營造好風水。〔註67〕

　　「醫」顧名思義就是醫師，當時的醫師可以分成兩種，一種是進行內科治療的中醫亦可稱為漢醫；另一種則是使用民間藥草進行外科治療的「青草仙」。日治時期臺灣社會，規定中醫要取得執照才能開業，由於當時政府特別獎勵西醫，大部分中醫沒有執照，以致於中醫的人數大為減少，所以很多中藥商人，紛紛當起密醫。至於「青草仙」是一種無照的外科醫生，運用祖傳或是師傳傳授的秘方，搗碎藥草，替患者貼敷傷口，還能進行切開手術。而且青草仙都精通拳術，多半是專營接骨，還有使用「占血」即點穴來治病。在當時社會發生一些社會弊端，為了同業競爭，強調治療有良好效果，惡質的青草店會摻合西藥騙人相信是祖傳偏方，可以說是無所不用其極。〔註68〕

　　所謂「命」為觀人命數，俗稱的算命師。算命師也可稱作看命仙或是星師，以人的生辰八字搭配陰陽五行之說，推算命運的好壞、事業成敗與否、壽命長短、相男女生肖合否婚姻等。算命先生會幫命運多舛之人，假造一種良好的八字，即「假八字」扭轉噩運。至於「卜」以各式的卜卦之術為本，也被稱為卜卦仙，卜卦的種類繁多，包括龜卦、錢卦、六壬時掛、米卦等，以卦相判斷人的吉凶禍福。「相」被稱為「相命師」，專門為人看相，觀人的氣色，根據人的相貌、五官、手掌、痣生長在面相的位置等，預測未來運氣。最後，還有稱為「日師」，又稱作「看日師」，根據曆書選擇良辰吉時，如婚喪喜慶、土木建築開工、出外旅遊等，以此逢凶化吉、消災避邪。〔註69〕

　　以術士之占卜術為例，卜卦的種類繁多，以「錢卦」當作例子。錢卦又名「孔明神卦」，顧名思義為諸葛孔明常使用的卜卦方法，首先在神前焚香祈禱，兩手捧著五個錢幣，嘴巴念著數句咒語：

> 伏羲神農、文王、周公孔子、五代聖人及鬼谷先生，卦占童子、翻卦童郎、空中一切過往神祇。今弟子某縣、某所、某姓名、某年月日時。今因為某事憂疑未決，謹自虔心誠意，於三十二課內，占一課吉凶禍福，成敗興亡，報應分明，急急如律令。〔註70〕

口中唱畢上述的咒語，把兩手內的五個錢幣擲於桌上，錢幣正反面的呈現，

〔註67〕鈴木清一郎著、高賢治、馮作民編譯，《臺灣舊慣習俗信仰》，頁78。

〔註68〕鈴木清一郎著、高賢治、馮作民編譯，《臺灣舊慣習俗信仰》，頁79。

〔註69〕鈴木清一郎著、高賢治、馮作民編譯，《臺灣舊慣習俗信仰》，頁80～81。

〔註70〕片岡巖，《臺灣風俗誌》，頁879。

成爲卦象的判斷。白色代表正面，黑色代表背面，依照卦象可編排出三十二種變化。五個錢幣正反面的呈現，三十二種卦象可依據孔明神卦的經典，參照陰陽五行與易經，解說此種卦象的吉凶。解說的問題包含人的運氣、升官與否、考運如何、訴訟成敗、疾病情況、財運多寡、旅途順遂與否、尋人成敗、尋物、搬家、生孩子、工作運、家運、婚姻、商事生意問題、降雨天候等。可說是包含各種生活的萬事占卜。三十二種卦象解說可參見附錄 1。

　　術士另一項術數爲「六壬時卦」，別稱爲「小六壬」，此外還有「六壬神課」爲「大六壬」，上述術數主要談人事。按照中國傳統占卜術來說，常與奇門遁甲、太乙神數合稱爲三式。本文主要運用小六壬爲例，掌上標出大安、留連、速喜、赤口、小吉、空亡，分別寫上一到六的數字，占卜時可以按照數字循環進行，從大安到空亡，空亡循環到大安的輪迴方式。

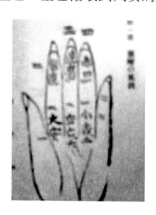

圖 1-2-6：六壬時卦之掌中圖

資料來源：片岡巖，《臺灣風俗誌》，頁 888。

　　六壬時卦法運用方式，例如第一例爲一月三日丑時運勢如何？一月爲一年當中第一個月份，即爲一，變成大安，三日就要從大安數三個，即大安、留連、速喜，也就是速喜是三日的卦象，再來以時辰—丑時來推算，丑時爲一日中第二個時辰，所以推算從速喜直到赤口，赤口就是一月三日丑時的卦象。另外，第二例爲五月二日寅時運勢，五月爲第五個月，從大安推算至第五個爲小吉，那麼二日從小吉推算兩個爲空亡，寅時爲一天的第三個時辰，所以從空亡類推三個爲留連，即留連爲五月二日寅時的運勢卦象。〔註71〕

────────────────

〔註71〕片岡巖，《臺灣風俗誌》，頁 888～889。

表 1-2-1：六壬時卦之卦象解

卦象名稱	編號	卦象解釋
大安	一	萬事大吉，有利財運爲坤之方位，失物從遠方尋獲，家宅平安，行人還未出發，沒有疾病妨害。
留連	二	等待的人未回來，難成事情，官司應該暫緩，失物在南方，應避免口舌之爭，家宅平安。
速喜	三	喜事速成，有利財運爲南方，失物在申未午之方位，要尋之人應該在路途上相逢，官司有福德之象，沒有疾病憂慮，行人路途便利，人和家畜健康良好。
赤口	四	官司凶險，有口舌之爭，失物應急尋，行人有危險，雞犬有怪異之狀，病者往西方就醫可治，恐罹患瘟疫。
小吉	五	有喜事，萬事小吉，失物在坤之方位，行人直達，商業交易良好，萬事和諧，向神祈求有吉之運。
空亡	六	損失財產，行人遭到災禍，找到失物，官司凶險，遭逢小人（人暗鬼），祈禱安全爲上。

資料來源：片岡巖，《臺灣風俗誌》，頁 889。

　　另一項占卜術爲「皇帝卦」，首先繪製春夏秋冬四個皇帝像，將人像的頭、手、肩、腹、陰、膝、足分十二支，十二地支依照季節不同，就有不同的排序差別。這種卦象主要運用在小孩，判斷他的未來命運。

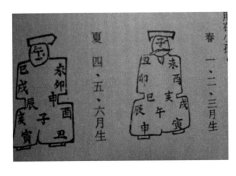
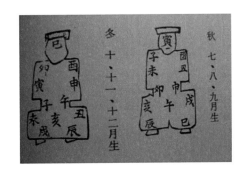

圖 1-2-7：皇帝卦之春夏圖像　　　　圖 1-2-8：皇帝卦之秋冬圖像

資料來源：片岡巖著、陳金田、馮作民合譯，《臺灣風俗誌》，頁 22。

　　皇帝卦的占卜方式，以春天子時生的孩子爲例。即子時出生便是對照春天皇帝圖頭部爲代表，依照下列詩句判斷命運，根據「四季十二支詩斷」對照：

頭部：生在皇帝頭，一世永無愁，小人多富貴，衣食自然豐，求官
必有引，君子近公侯，女人衣食足，生得好兒郎。

手部：生在皇帝手，謀官求財有，出外貴人遇，在家頗得守，初歲
平平地，末年十分有，財寶四方來，老年才到手。

肩部：生在皇帝肩，一生富末然，中年財頗有，堆積十分難，衣食
隨時好，末景有牛田，兄弟不得力，前苦後甘來。

腹部：生在皇帝腹，衣食自然足，文武兩還隨，笙歌連武曲，中年
衣祿有，家計多宜富，快樂亨榮華，增壽更生祿。

陰部：生在皇帝陰，富貴足珍珠，中年衣祿貴，老來有黃金，門楣
多改換，定是貴人身，子孫必顯榮，官職位高升。

膝部：先在皇帝膝，作事無利益，初年多勞祿，衣食永不得，日日
路上行，只是心不足，榮華無日有，年年多辛苦。

足部：生在皇帝足，修行卻有福，一生也平安，不宜在祖屋，女人
嫁兩夫，男人妻更續，路途凡出領，離祖方成家。〔註72〕

「皇帝卦」以頭部、手部、腹部、陰部，這四部卦象詩籤解是相較其他
部位比較大吉的相位。以皇帝整體象徵而言，皇帝頭代表龍頭的象徵，顯示
萬人之上，富貴榮耀之徵。皇帝手代表底下太監宮女伺候，不用親自動手，
命運推斷為老年運勢大好，可由後代子孫伺候。皇帝腹部代表衣食無缺，命
運推斷是物質無虞，能福壽添增。皇帝陰部代表繁衍，皇帝子孫眾多，象徵
命運是貴人身分，後代子孫多且顯要門楣。另外，其他肩部、膝部、足部相
較之下是比較辛苦的相位。例如皇帝肩部表示需要承受國家重責大任，命運
推算是屬於先苦後甘的運勢類型。皇帝膝部代表處理政事，到處奔波，膝部
承受壓力大，命運推演有勞錄運勢的象徵。最後皇帝足部，代表雙腳到處走
動，命運推算「雙腳」指的是易於重夫重妻之命格，以及到處走動表示離開
家鄉地才能成功的象徵。

第三節　與民眾的關係

按照臺灣民眾生活情形來看，一旦碰到人生難題或是未來的不確定感，

〔註72〕片岡巖著、陳金田、馮作民合譯，《臺灣風俗誌》，頁23。

面對未知的恐懼，無法解決之事，未知就成為恐懼的來源，尋求神靈協助或是求助於巫覡，紓解民眾的恐懼心理。民眾面對疾病的態度可看出崇尚鬼神，假使生病者連醫生都無法救治，只能尋求女巫、男覡、道士治療，花了大筆金錢延請他們，並且非常相信這些巫覡所說得生病是被鬼神犯沖，須要用儀式化解。〔註73〕此外，民眾相信五術術數，成為解決恐懼心理的面向，五術術士成為臺灣民眾慣習的一環：

> 山醫命卜相稱為之五術，臺地人民不分男女，居多取信之。當此際盛夏既臨，炎威頻至，晝熱夜涼之候，身體微弱者最易得病，加以疫氣未除，死亡亦多，為五術者其得利，正在此時耳何，則夫家資稍裕之人，有逢死亡，恆請山家以求葬地，謂得好風水，能垂蔭於子孫故也。如值疾病之時，延醫士來家調治，此常情也。又當地之習俗，偶然得病者，每疑有沖犯鬼神等情，所以欲求卜卦，以知沖犯何物也。又若抱病之人，其家人欲尋算命相士，以算其壽數之短，長運途之否泰也。值此天氣酷熱，多有疾病死亡，習五術者此請彼求大都門庭若市，其增得利，固不待言矣。〔註74〕

日本統治初期，醫療衛生還未普及之時，民眾面臨疾病治療往往尋求術士幫忙。這些未知恐懼，有了術士解釋，解答民眾心中的不安與恐懼，顯示社會風行此類活動，特別是巫、術者門口門庭若市的盛況，可見民間大眾熱衷神祕術數的狂熱行動。

一、巫覡職業與民間大眾之互動與探討

在乩童方面，當時臺灣民眾認為是鬼神的溝通者，普羅大眾認為是神靈顯靈，非常熱衷於此：「或有自作乩童，以為神降於己，平地躍起，手執巨斧利刀，自觸其頭，血流遍身，口猶嘖嘖，如與神語，而人亦以金鼓送迎，厥聲載道，於是婦人孺子，咸樂觀瞻，然皆拱手鞠躬，以謂神祇陡降。」〔註75〕此神降活動，熱鬧的場面，顯示此活動為民眾生活重要的一環。

對於從事乩童職業的人物調查，在1937年臺南州衛生課針對乩童做詳細的人物調查，指出從事乩童職業者有以下的特點：「一、乩童大部分為無智、

〔註73〕 不著人撰，〈南人尚鬼〉，《臺灣日日新報》，1898年3月25日，版1。

〔註74〕 不著人撰，〈五術多利〉，《臺灣日日新報》，1898年6月5日，版5。

〔註75〕 〈歡喜奇觀〉，《臺灣日日新報》，版1，1897年1月21日。

怠惰者爲多。二、乩童爲臉皮厚者爲多。三、羞恥心全無。眾人監視之前以平靜如同兒戲般仿效。四、兩、三成爲文盲，二三成爲有若干精神性欠缺的精神異常者。五、乩童大部分爲男性，也有女性的案例爲稀少的而且是老人。然而今回檢舉發現有未婚妙齡之美人乩童，有對青少年的花柳病或是愛戀病特殊的靈驗。」〔註76〕乩童人物調查，有一部分是官方對於乩童比較負面的觀感，但是也透露出一些訊息，乩童爲男性居多，而且文盲者或是精神異常者從事此類型職業爲當時一種趨勢，少部分女性參與這行業。根據調查報告書，發現到還有公學校畢業生從事這行業的案例出現。

　　民眾依賴乩童幫忙處理生活疑難雜症，所消費的情形，可以按照調查報告書中了解到乩童施行之術，各項服務的消費金額情形：

表 1-3-1：一般性儀式

品名		紅包（乩童）	全（通譯）	金紙類線香	菸草	檳榔	料理代	雜費	計
價格	上	三圓	二圓	三十錢	敷島二個三十六錢	十五錢	二圓	一圓	八圓八十一錢。
	中	二圓	一圓二十錢	二十錢	全一個十八錢	十五錢	一圓二十錢	六十錢	五圓四十八錢
	下	一圓	六十錢	十五錢	朝日一個十五錢	五錢	八十錢	三十錢	三圓五錢
備考		支付此之外，有時可見贈物在歲暮或在農繁期援助勞力。		燒卻	飲食	飲食	飲食	茶果車費、鼓吹費	

資料來源：永田三敦、筱宮秀雄，《童乩》，頁 114。

〔註76〕永田三敦、筱宮秀雄，《童乩》（臺南：臺南州衛生課，1937 年），頁 9～10。

表 1-3-2：落獄府

品名	道士之手續費	供物	桃紅布七尺二寸	花仔布七尺二寸	紫布七尺二寸	牲禮	金銀紙	計
價格	一圓	三圓	八十錢	八十錢	八十錢	一圓	六圓	十一圓八十錢
備考	也有給予二圓。	菓子類又或是豚魚類（信徒之物）。	給予道士。	給予道士。	給予道士。	豬肉、蛋二、魚一，道士乩童通譯三人共食之。	燒卻	

資料來源：永田三敦、筱宮秀雄，《童乩》，頁 115。

表 1-3-3：進花園

品目	花仔錢	壽金	古辮金	金錢白錢	牲禮	婦人亭	米	紅包	紅包	紅包	紅包
價格	四十錢	四十錢	十二錢	四十錢	一圓五十錢	五十錢	一圓四十錢	一圓六十錢	一圓	一圓	
備考					五升	童乩	通譯	道士（或者是賣卜者）			

資料來源：永田三敦、筱宮秀雄，《童乩》，頁 116～117。

乩童各項服務都以項目表列條表示，可以清楚知道各項儀式消費金額。道士施行之術也有表格顯示，代表乩童與道士有著合作關係。而乩童獲得收入大致上有幾項：一、民眾謝禮紅包。二、執行儀式後的料理如食物、酒等。三、特定時節歲暮民眾之贈物如酒、雞、米粉等。四、或者農忙時節民眾去乩童家提供勞力協助。此外，乩童的特權可從其他藥種商無償接受贈與或是打折購入，其平均月收入從二、三圓至四、五十圓左右。〔註77〕上述乩童的消費服務與收入狀況，可了解到民眾與乩童的互動網絡，尤其疾病災害頻生或是

〔註77〕永田三敦、筱宮秀雄，《童乩》，頁 118～119。

動亂不安的時期,寄託於此就成為趨勢,乩童收入的好壞對於特定時期有其規律性。

　　乩童影響臺灣社會情形,有其案例探討,在防範鼠疫為患之時,乩童竟以神降預言方式,告知民眾預防之道,在大稻埕一帶乩童神降與民眾反應情況:「昨大稻埕枋隙街有某乩童,假為神聖扶乩,即揚言於眾曰:『今朝為蝕日之期,汝曹切勿太早炊飯,及憩大樹下,併穿花仔衣等語,如以吾言為謹守,吾當保其無有鼠疫之患。』言罷,大喝一聲曰:『吾去也,汝曹須將吾言謹記在心,切囑切囑。』既而視某乩童則悠悠然醒矣!問其何以有是,言曰:『不知也。』想亦神聖指點耳,旋見一輩癡男女,咸信其言之真切,均如命以行。」〔註78〕當時的民眾幾乎一窩蜂相信其預言,能消解鼠患危害,鼠疫造成許多人對於疾病的恐慌,其天有異相,加上乩童神降加持之下,其預言有如聖旨一般,乩童如同地方社會精神領袖一樣,男男女女幾乎相信真確性。

　　有一案件發生在大稻埕城隍後街,民眾有一幼子病危時,好幾次求神問卜都無效,聽聞鄰居介紹有一位乩童以哪吒神降臨,能幫人問病治病。後來這位民眾請跳童來家中作法,而這位乩童以神責備姿態,表現出用木棍連擊自己身上,使觀此神降術者,紛紛嘆為觀止,深信其術。〔註79〕至於,官方鑒於乩童有危害民眾身體健康之虞,下令禁止乩童不準亂開方藥。但是,民眾還是一味相信由來以久之慣習。〔註80〕「疾病」帶來一種生命威脅的恐懼,尋求乩童問病賜藥為臺灣舊有慣習,解決當前危機,緩解自己恐懼心理,但是病情危急之時,一味尋求乩童治病,反而耽誤病情治療:

　　　　島人之迷信,雖經文的之教育,然舊染已深,實牢不可破者。倘遇
　　　　疾病時,概視醫藥為無靈,以神仙為可恃,或禱爾上下,或求神施
　　　　方。既有愚昧之病家,豈無鹵莽之乩童,莫怪乎傷寒認為傷暑,桂
　　　　枝代白虎之需。間如大稻埕維新街三十九番戶戴收,生平立無別業,
　　　　其家祀一溫王爺,堂中布置齊整,專以要求人家之請問。間有到處
　　　　求其開方者,戴即將一小輦轎約不滿尺,自扶于手,案上旋轉,輒
　　　　為施方,或將神請到病家,以為救治。其間所施之藥,多顛倒反覆,
　　　　受害匪輕。如前日大稻埕九間仔後街五番戶,郵便配達夫李乞食,

〔註78〕不著人撰,〈齊東之語〉,《臺灣日日新報》,1901年5月19日,版6。
〔註79〕不著人撰,〈神責乩童〉,《臺灣日日新報》,1897年5月2日,版1。
〔註80〕不著人撰,〈問藥須知〉,《臺灣日日新報》,1902年1月28日,版3。

因已得病，聘戴到家。李乃濕溫之病，爲施桂枝湯以治之，李一嘗
其熱益熾，後知其誤，乃延醫解之，幸不至于死。憶如戴者屢以人
命爲戲，其受害者，奚啻解淺哉，惜乎當地巡查，尚未察覺其由也。
〔註81〕

乩童以親自配藥方式，但醫藥配法無法對症下藥。然而民眾信以爲神靈賜方
藥，醫藥亂使用之下，反使病情更爲嚴重，造成生命健康安全的危害，但是
這類事件還是屢屢出現。官方下令禁止亂開方藥，但是地方民眾還是習慣於
求助乩童：「宜蘭地方道士乩童爲最盛，凡百事故，偶冒微恙，靡不質吉凶於
乩道。村夫執迷，經已蒂固根深矣！」〔註82〕針對乩童亂開方藥，成爲警察
取締的對象，乩童爲了躲避警察耳目，所作得舉動：「自設治以來，乩童屢受
警吏之嚴責，民雖知爲迷信，奈因舊謬成俗，迴來乩童儆於警吏之巡視，爰
即變本而改裝。日前有乩童名阿水，當其跳棹拍案之際，突臨一警吏。……。
蓋迴來乩童不散髮，不露身，依然無以或異焉。」〔註83〕在取締更爲嚴重的
違警例頒布時期，乩童仍以舊伎倆換裝，躲避警察取締。臺灣總督府在 1908
年頒佈違警例，打擊乩童的生計。但是民眾還是會尋求乩童的幫忙，只是從
檯面，轉往地下經營。可見臺灣民眾支持傳統習俗的態度特別堅定的一面：

媚神治病，本島何地無之，改隸後亂童一事，當道嚴禁，將一掃而空
之。有被警官，偵之撞見始則嚴諭，再或處分，各地已跡息。惟彰化
北門外，欽王爺及員林大佛祖，皆藉保正爲護符，每日降乩派藥，各
有數十人問病，獲利不少。聞大饒庄保正之子，寫藥單者，去年假爲
佛祖，欲建廟，抽收谷數十石，一舉手即得金百餘圓。〔註84〕

雖然違警例頒布下來，但是 1910 年還是有輦乩派藥的情況，而且獲益還不錯。
乩童依靠庄中保正當作保護傘，以便掩人耳目，要完全杜絕是件很難的事情。
以民眾投入得精神與金錢可以說是「傾全市街的住户，投無數的金錢於有絕
對之害的迷信。」〔註85〕民眾對於迷信投入資本很可觀。

　　天災頻傳之下，容易引起民眾不安，造成謠言四起，更易使民眾陷於恐
懼。心懷不軌之徒以預言未來災害再臨，有一案例爲臺南州曾文郡（今臺南

〔註81〕不著人撰，〈乩童之誤害〉，《臺灣日日新報》，1908 年 1 月 7 日，版 5。
〔註82〕不著人撰，〈乩童改裝〉，《臺灣日日新報》，1907 年 11 月 10 日，版 4。
〔註83〕不著人撰，〈乩童改裝〉，版 4。
〔註84〕不著人撰，〈迷信何多〉，《臺灣日日新報》，1910 年 6 月 21 日，版 4。
〔註85〕不著人撰，〈迷信島〉，《臺灣民報》，第 82 號，1925 年 12 月 6 日，頁 8。

市麻豆區、下營區、六甲區、官田區、大內區）附近因一次大地震之後,連日來餘震不斷,當地有一乩童更預言十七日夜晚會有更大的地震:「日來更謠傳將有激烈地震卯去十七晚,麻豆街及附近人民,多有出而露宿者一夕數驚。聞此等謠傳,係某乩童,出而散佈。」〔註86〕乩童操縱民眾對於地震的恐懼心理,使民眾內心有所顧忌,逐漸形成集體恐懼意識。

此外,在宜蘭民壯圍堡壯六庄（今宜蘭縣壯圍鄉）,有一許某家,其家中老少最近常常生病醫藥不斷,許家人懷疑是否家中有鬼祟,於是聽聞新城庄（今宜蘭縣員山鄉）有一靈驗乩童,於是派人去聘請這位乩童:

> 乩童林某,素藉此以餬口,頗有狡智。許托人欲請王公到家,鎮壓邪怪,該乩童刁難不應,後約厚謝始允。翌日許使傭人簡某,欲請乩童到家問神,林某別有深謀,囑家人,告以不在家。而潛尋一豚骨,往壯六庄路來。簡某請不得林某來,悵悵而歸。行至途中,遙見林某,從小路向主人宅後來,入蔗園內,窺其將作何事,林行至許之屋角,距宅約百步,四顧徘徊,將豚骨埋諸地下,仍由小路歸。
> 〔註87〕

乩童心懷狡詐之術,心中想要獲取更多利益,結果以豬骨埋藏在主人家的後院蔗園裡,想要以豬骨來謊稱精怪作祟等邪說。許家傭人簡氏得知這個陰謀之後,先把豬骨調包,換成埋豬屎,跟主人家講明原因後,一樣請林某乩童來作法,後來作法挖到不一樣之物,使其揭開真相,讓林某感到非常慚愧。
〔註88〕

乩童狡詐還有一案例也是相似於上述所講之案件,此案件為蒜頭明治會社製糖工場發生烏狗精作祟事件,導致該工廠兩名工人罹患離奇重病,並且不得其解,兩位工人為:「一名徐頂,前被此狗精纏綿疾病而死;今一名陳再盛,常被此狗精作祟,幾次暈厥,於地坐臥,無時安寧。」〔註89〕當時工廠人心惶惶不安,捉烏狗精成為工廠工人想要得目的,特別請聖母降乩於乩童,捉烏狗精投入油鍋中:「故昨日該乩童走向陳再盛之住屋,捉出烏狗精,果然形影出現,被乩童捉住,投入油鍋中,未幾鍋中浮出一狗形,旋變一塊如豬

〔註86〕不著人撰,〈乩童謠言再地震十七夜麻豆人多出露宿〉,《臺灣日日新報》,1930年12月20日,版4。
〔註87〕不著人撰,〈乩童出醜〉,《臺灣日日新報》,1916年3月7日,版6。
〔註88〕不著人撰,〈乩童出醜〉,版6。
〔註89〕不著人撰,〈捉妖奇聞〉,《臺南新報》,1922年3月27日,版6。

肚，然浮煎鍋面，然後變化灰燼。」〔註90〕其鍋中之物，已經預先藏在住家附近空地裡，一旦神降術開始，乩童就會引導民眾去那預先藏好的地方，掘起一物放入油鍋中一炸，就如同狗形之借代，代表著烏狗精已經被除去。但是，對於民眾來說，相信其術可以解除民眾對於未知恐懼的心理負擔。

民眾對於乩童的熱衷情況，在1920年6月通霄支廳管內通霄灣庄（今苗栗縣通霄鎮）逮捕一名乩童，因妨礙公安之故，遭到拘留。結果使同庄居民發動示威遊行，當時約有三百多名民眾參加，在通霄支廳前要求放人，其口號為：「乩童是帶著神佛之命者，不是罪人的話，即刻放還。」〔註91〕以群眾的壓力要求官方釋放乩童回來，後來官方不敵民情壓力，判處乩童違警例處以罰金，之後予以釋放。〔註92〕民眾依賴乩童，可見有如此之深，熱衷於此被官方視為愚蠢地瘋狂行動，被官方干涉，都以動員民情方式施壓政府爭取釋放乩童。

女巫的部分，以女性通靈占卜者為代表，尤其當時民間婦女特別信賴於此術，可以幫忙解決女性所重視之問題，如生產問題、家庭親人情況等，其女巫之術盛行之情況：

> 本島又有一術，俗稱牽尪姨，即者古巫之稱號，能代人落陰，尋其亡魂，婦人女子，迷信深印腦根。近有大稻埕法主公街忘其番戶，有姓宋名田，俗又呼為師巫出者。在該地設壇，專為人落陰，搜尋亡靈。因此終日門前如市，男女紛至沓來，甚形熱鬧，或請問陰魂，必先與以二十錢謝儀，始肯為尋親魂。又有別號問清香一法，此法專為女人生子不育，或全未生產者而問，能代他落陰，探其花欉，詭言此花樹有銅蛇鐵狗交纏，當用符咒，代汝制法驅除，或拐其辦牲禮，或拐其燒紙錢，謝儀或取五六圓十圓不等。彼富家妾婦，急于生子得寵者，悉如數與之不吝，又能為人改衰換旺，使人運途近益。〔註93〕

女巫之法從落陰之術，尋其親人亡靈，還有婦女關心生育問題，尋求探花欉之術，尤其富有家庭，妻妾想得子，都紛紛去探求女巫協助，另外還有幫人

〔註90〕不著人撰，〈捉妖奇聞〉，版6。
〔註91〕不著人撰，〈乩童を返せと　支廳に示威行動　迷信者の痴愚〉，《臺灣日日新報》，1920年6月3日，版7。
〔註92〕不著人撰，〈乩童を返せと　支廳に示威行動　迷信者の痴愚〉，版7。
〔註93〕不著人撰，〈邪術惑眾〉，《臺灣日日新報》，1907年12月7日，版5。

改運功效，根據女巫執行上述服務，獲取了頗多的收益，民眾一窩蜂地投入於此，可見民眾對女巫依賴是頗為密切的。民眾視女巫形象為「女巫一事，臺之婦女皆信之，而較諸廈門福州各處。且能攝亡靈於鏡，窺其形容宛如平生者，其害更大也。然今日女巫之說，順人聲口，附和而陳，並無絲毫中的可欺，以方當其施法也，加烏巾於首口，喃喃作亡靈語，婦人聞之，各親其親，而涕然淚下。」〔註94〕女巫攝人隱事，順從民眾話語，以冷讀術加以推敲，而占卜出案主生平過往，使人更加相信女巫能攝取亡靈，通靈於身上。民間婦女信其親人就在身旁，使婦人感情流露，透露出思念之情，女巫就以其術來解開婦人心中的大石頭，得到一種情感投射的釋放。

道士的部分，如同前述所說臺灣民眾以巫覡民俗問病占卜，成為傳統慣習之一。尤其到了特定時節，晝夜溫差大之下，最容易染病的季節，道士所獲得的利益大於平常的時節：「此際暑氣初臨，晝熱夜涼體弱之人最易冒病，兼有疫症蔓延，斯凡飲食起居有不如意者，輒僱道士，所以現時為道士之輩，比前倍見得利云。」〔註95〕可以想見，道士一旦面臨季節交換時節，所接案件獲利甚多。道士以一套流程的進行，例如在神位前手搖曳鐘、口念咒語、施行法術有如演戲一樣，或有喊煞、號收魂至合謝儀，加起來的費用可達三百文，其盛況非凡。但是，一旦巡查搜查到問病、治病的活動，往往下令禁止與取締，獲利之下，所承擔風險也逐漸升高。〔註96〕服務消費的情形，可顯示熱衷程度，與當時臺灣社會經濟良好與否有所關連，道士起價之金額如下：

> 本島人民有抱疾病者，往往不專質之醫，且兼問之巫值。此際貨物昂騰，百工增價，作巫醫者亦因之而高貴。茲如為道士者，向之為人星煞及破胎諸事，每次禮儀不過一二百文而已，合插香□費百八十文，計共可得三四百文。若今日之道士，則相率起價如星煞破胎等事，除餘費外，每次要禮儀一圓至少者，亦須半圓，方肯貧困之人遇斯景況，不雇用道士未免為俗所惑，欲雇用道士又不堪需此重費。前侵後欠，足見邪術之迷人深矣！〔註97〕

〔註94〕 不著人撰，〈女巫吃虧〉，《臺灣日日新報》，1897年3月16日，版1。
〔註95〕 不著人撰，〈道士得時〉，《臺灣日日新報》，1898年5月26日，版1。
〔註96〕 不著人撰，〈道士不利〉，《臺灣日日新報》，1899年5月29日，版4。
〔註97〕 不著人撰，〈道士起價〉，《臺灣日日新報》，1899年3月21日，版3。

從引文中，在物價奔騰之際，雇用道士費用隨著時局物價而漲價，民眾都趨向問巫覡價錢多少，甚至窮困民眾，遇到此情況，也往往都要借錢，去請道士去治病問病。民眾熱衷的態度，深刻表現依賴此巫覡職業。一旦經濟景氣不好，或是通貨緊縮時期，道士相關的儀式費用就有所調整，在 1927 年基隆地區道士聯合起來，對於補運價格作為疏通，原本五十錢為主，由當地道士組織磋商降價，決定降十錢，以四十錢為公定價。〔註 98〕民間大眾以道士為高度的仰賴，而服務消費價格隨著當時經濟景氣與否，作為呼應，民眾也趨之若鶩。

二、術士職業與民間大眾之互動與探討

術士根據陰陽五行之術，幫助民眾問未來命運、擇日、家宅位置、祖墳之位等。民眾對於疾病觀來說，尋求術士是一種問病、治病的管道：

> 大稻埕南街阿片商李頭生，有子李金鍊，年十六，客臘底忽罹一異疾，顏色憔悴，眼中出血，四體麻木，須以針刺之始痛。無晝無夜，臥則嘆語，醒則叫囂，且時自囊中攫錢以出，遇小子歌妓輒播與之以為快，及歸復苦悶如初，其狀殆類狂矣！頭生幾無所措手足。嗣延術士視之，以為祟由咒咀，旋于病者衣底，果搜得一小針，乃益大驚，急使術士作法，供其針于神前，不謂病者勢益篤。因遙擲其針于屋後塵芥場，病始漸癒，是亦怪矣！〔註 99〕

由於得病者產生瘋狂舉動，無法探究病因，民眾往往尋求術士問病之由來，結果發現一個小針，而這個針代表著民間習俗當中有詛咒的效果，術士必須作法來解除詛咒的負面能量，直到病情逐漸好轉。

臺灣習俗尋找失物，或是搜尋失蹤之人，往往會延請術士幫忙協尋，其所行之術為磨水鏡：

> 我臺舊俗，有物遺失者，或人失蹤者，則延術士抵家，施法探索，其法以清水一盆，置青銅鏡於其中，堂上紅燭高燒，術士焚黃紙符，向盆誦咒。使童子立於盆前，諦視鏡中，經數小時，鏡忽光明，現其所失之物，或失蹤之人，歷然在目，按跡尋之，時或多中，是之

〔註 98〕不著人撰，〈基隆道士　補運料降價〉，《臺灣日日新報》，1927 年 10 月 28 日，版 4。

〔註 99〕不著人撰，〈用針咒咀〉，《臺灣日日新報》，1910 年 1 月 20 日，版 5。

謂磨水鏡。信者不乏其人。〔註100〕

以鏡子產生的景象，利用人的潛意識回憶過往經歷，所產生幻覺表示失物或失蹤之人所在位置，這種追尋之術，深受民間大眾所仰賴。

以算命師、星師、相命師或簡稱為賣卜者來探討，未來命運運勢的卜算越靈驗，而民眾幾乎有口皆碑，紛紛推薦此賣卜者：「帶著他們去看白光氏，請他相命。兩位友人說相得很準，好像很滿意。」〔註101〕此白光氏就是當時口耳相傳之相命師，相命之靈驗影響相命師之生意，口碑越好就會使民眾慕名而來。民間非常相信相命（占卦）結果，子女命運好壞，影響家庭運勢與子女好不好養等諸多因素，家人視相命師忠告，能化解未來命運多舛：「相命（占卦）結果註定女兒命運是媳婦仔命時。因為迷信把女兒放在家中，將會引起不幸事端。如果不做媳婦仔，插竹籤旺（子女眾多）家庭當契子（義子）也可以。」〔註102〕以出生不好的女兒作為媳婦仔，當作化解家庭噩運，另外還有應變方法，就是當契子來化解。因卜命師認為女兒當作媳婦仔命格還有一例：「養家，工傭，家庭相當複雜，為兒子養媳。生家，中等，二女，次女出生時母體病重，經卜命師勘定為『鎮藤瓜』不會招弟弟，終於送人當養媳以保護母體，盼望能生男孩，最後仍然落空。」〔註103〕民眾視賣卜者忠告，成為箴言，想盡辦法能化解不好命運，顯示民眾有著深厚依賴此慣習態度，對於命運態度有著指導精神。算命過程，其同業人員反思算命真義，有關於信與不信、驗與不驗之爭論。〔註104〕另一方面，算命同業者對於命運體認，認為命運為天命格局，時局、時運影響著命格，對於算命反思有著深刻體認。〔註105〕

民間對於名術士觀感，大眾幾乎抱持著慕名前往尋求命運卜卦，民眾心態為功利取向，這種風氣可以從一案例可知：

> 臺南市關帝廟街富香餅舖內，有周文明者，係廣東潮州府潮陽縣人，諳術數之學，閒山醫命卜俱精者，番因應臺南市內某富商之聘，由

〔註100〕不著人撰，〈磨水鏡理解〉，《臺灣日日新報》，1909年8月10日，版1。

〔註101〕吳新榮著、張良澤編，《吳新榮日記全集7（1943～1944）》，頁144。

〔註102〕池田敏雄，〈關於台北市艋舺的媳婦仔、養女制度〉，《民俗臺灣》，第二輯，頁45。

〔註103〕黃連發，〈養女與媳婦仔〉，《民俗臺灣》，第二輯，頁56。

〔註104〕李紹蓮，〈算命不信命辯〉，《臺灣日日新報》，1927年4月13日，版4。

〔註105〕張榮祿，〈駁李紹蓮先生之算命不信命〉，1927年2月12日，版4。

前期輪船渡臺，目下往占休咎者絡繹不絕云。〔註106〕

由臺南當地富商重金邀請自中國來的有名術士，這個消息傳到當地，使民眾群起去拜訪這位著名術士，算命風氣群起雲湧。民眾對於算命選擇相信靈驗者，群眾一蜂窩往靈驗者去算命，這種魔力吸引群眾去盲目跟隨，甚至成為一種慣習定律，此風潮也是民間狂熱展現，普羅大眾相信命定論。

以地理師來探討，民間對於家宅風水好壞，影響非常深遠，家宅運勢安寧與否，與家宅得到好風水有關。而富有之家，對於尋得好風水祖墳，認為有庇佑後代子孫的功效，重金禮聘地理師尋覓好風水地帶，以及花費大把銀票購得好風水，這種風氣與慣習已經是由來已久之事，民眾深信其道理。對於地理風水有一定標準來審視，有其三綱〔註107〕、五常〔註108〕、四美〔註109〕等標準來看待，民眾按照地理師準則來行事。民眾對於風水重視，根據社會文書土地買賣契約中可以得知，在〈明治三十四年（1901年）蕭萬祿等立遜讓土窨山批字〉之批明中表示：「即日批明：界外不得欺龍斬穴，塞地傷墳坟，批照。」〔註110〕可以了解到，民間重視祖墳風水，認為不得斬龍穴，也就是禁止破壞風水，保持風水原貌，而對此土地契約重申祖墳風水的重要性。民眾為了獲得好風水，也引發了許多爭端，花大筆金錢投資都在所不惜：

> 臺人迷信風水，比信神尤甚，印入腦筋，牢不可破。延一堪輿家，擇一墳墓地，雖費千金或數百金亦不吝惜，甚至因地起爭，糜費金錢，或相殘骨肉，皆慨然任之。蓋以穴地有靈，葬骨其間，能令子孫富貴。〔註111〕

臺人迷信風水慣習，從花費龐大金額、因風水地導致爭執，到後來彼此骨肉相殘來看，就可以知道民眾對好風水求之若渴，呈現出瘋狂風潮。爭取風水寶地，因墓地土地買賣糾紛，認為有妨礙風水之故，鬧到法院的判決案例。〔註112〕

〔註106〕不著人撰，〈術士來南〉，《臺灣日日新報》，1913年5月13日，版6。

〔註107〕三綱：一、氣脈──龍之發動，為富貴貧賤之綱。二、明堂──眾砂聚會之所，為砂水美惡之綱。三、水口──水之趨下之方位，為生旺死絕之綱。

〔註108〕五常：龍、穴、砂、水、向。

〔註109〕四美：羅域周密、左右環抱、官旺朝堂、氣壯土肥。

〔註110〕洪麗完編，《臺灣社會生活文書專輯》（臺北：中央研究院臺灣史研究所籌備處，2002年），頁447～448。

〔註111〕不著人撰，〈風水爭端〉，《臺灣日日新報》，1905年12月1日，版5。

〔註112〕不著人撰，〈風水爭端〉，《臺灣日日新報》，1900年9月12日，版4。

有一案例有關風水之地的爭執：

> 宜蘭員山堡，蜊仔埤山，共同墓地。有方姓於昨年秋，理葬一墓，
> 在林家祖墳前之地。林於上巳日，赴該坟祭掃，忽見坟前一墓，乃
> 係方姓所作，是日歸家，查詢方某。即與方姓較論，傷碍龍身，方
> 姓謂其地，乃共同墓地，置之不理。林強欲方遷移他處，方不肯，
> 爭論不休。昨請一堪輿，赴其墓地，察看地理，謂方姓確無傷碍林
> 家之坟，林不信，欲再請高明地理往勘，其事尚未了。是亦迷惑之
> 害也。〔註113〕

由於林姓民眾對於墓地風水恐傷害家運走勢，進而跟方姓民眾起了爭執，商請堪輿師看墓地風水是否有傷及，但是堪輿師的說法並沒有達到林姓所期望有傷害林家墓地的情況，反而另請高明達到他想要得結果。而這樣的情形鬧得沸沸揚揚的，造成糾紛不斷，而傷了和氣。

以日師的部分來探討，臺灣民俗尤其婚喪喜慶特別重視選擇吉祥的日子去舉辦，擇日功效有助於婚喪喜慶能帶來好運驅除不好運勢，也能避免沖煞等對人產生不好的影響。而日師就是幫助人選擇好的日子，民眾非常相信日子好壞，影響到人生重要階段：

> 臺人過信日家，偶有所作，必請日師占其吉凶。如有男婚女嫁，必
> 占星期，產婦有孕，必占胎神。蓋造屋宇，必占天赦日，脩理墳墓，
> 必占三合日，甚至入學、出行、剃髮、種菜，無不占者。否則有所
> 謂凶神者、惡煞者犯之，必須請法師畫符一道，鎮押凶煞方退……
>
> 〔註114〕

普羅大眾凡事遇事，請教日師查看日子，而日子沖煞，認為此煞可能會導致運勢低落，身體容易疾病或是諸事不順等各種負面影響，更嚴重點就要請法師來驅邪。

有一案例為嘉義兩家聯姻之事，結婚大事往往都會請日師看大好日子，兩家對於各別日師所訂日期都有爭議：

> 嘉義廳下沈露之子，與蘇靜觀之女，聯為秦晉，親迎有日。男家託
> 日師江濫，為擇婚期。將日課送呈女家，蘇再囑堪輿家某氏查勘，

〔註113〕不著人撰，〈風水爭端〉，《臺灣日日新報》，1914年4月7日，版6。

〔註114〕不著人撰，〈臺俗兩則　日師過信〉，《臺灣日日新報》，1900年7月3日，版4。

某謂所涓之日，有犯地寮，不利女家。遞還沈處，懇其再挽日師斟
酌。江灆再查，竟無所犯，某力爭不服，欲將兩稿郵寄支那泉州日
館乞其鑑定，相持不下，幾釀大故。嗣有魯連出為排解，事始寢云。
〔註115〕

兩位男女雙方日師，都有一定專業認定的標準，但是選擇日期，都沒有辦法
達成共識，反而使兩家聯姻的日期造成遙遙無期之感，也傷了兩家和氣。至
於兩家日師都各有堅持，進一步送到第三方日師去審定，到最後才有第三方
日師排解此擇日問題。結果顯示日師堅持之點，造就了日師彼此同業間的競
爭關係，以及民眾相信日師專業，為案主家運擇其良辰吉時，民眾期許日師
選擇吉日能帶來解除重大生活轉變的不安感，民間依賴程度可見深厚。

　　民間對於巫覡、術士之觀感，抱持著對生活產生不安的因素，往往依賴
這些職業者，能有所減緩心理的未知恐懼。未知恐懼是民眾所害怕的重要一
環，害怕突如其然的改變，影響民眾生活種種。民眾依賴巫覡、術士的風潮，
形成一股狂熱，對於巫覡、術士來說是一股龐大的利益，巫覡、術士執業之
門口有如門庭若市的盛況，有口皆碑及靈驗的宣傳下，所信賴之深可以想見。
民眾對於這些職業者，可說是慣習積累而成，成為一種密切的互動網，更是
一種根深蒂固的觀念，民眾形成一種命運觀影響生活上各種事物，普羅大眾
尋求趨吉避凶，凡事追求現世功利。

第四節　社會問題

　　巫覡、術士心懷不正之情況，往往假藉神通鬼怪之力，或是占卜命運多
舛需要多繳金錢來解厄，與使用詐術騙財騙色等情形，在社會案件中屢見不
鮮。官方政府在 1908 年設立違警例，以杜絕巫覡、術士的活動，即使禁絕，
也會轉往地下持續經營。1930 年代民風作興運動興盛，此類巫覡、術士如何
因應政府宗教政策之強力介入的態度，禁絕之下是轉機？還是危機？儘管取
締案件之多，但是不變的是民眾追求此類職業，尋求心理解答還是如此根深
蒂固，以致於完全禁絕是為困難之事。巫覡、術士不懷好意的行為，民間一
窩蜂的瘋狂舉動，造就巫覡、術士有利可圖，更進一步詐欺，使社會大眾損
失大量金錢，也失去身體尊嚴，嚴重的情況有傷害身體健康或喪失生命等。

〔註115〕不著人撰，〈日師相持不下〉，《臺灣日日新報》，1917 年 2 月 10 日，版 6。

社會案件探討，更進一步了解巫覡、術士心懷不軌之詐術解析。

一、詐欺、詐財之相關案例

以巫覡職業相關案例來探討，乩童與法師心懷不正的詐欺案件，所操之
術為妄斷民眾疾病，靠問病治病吸引大眾前來占斷，其案例為：

> 屏東街海豐人陳玉，年四十，嘗與臺南州新化郡善化庄張清煙共謀
> 一為乩童一作法師，到處為人治病，騙取金錢。此間有屏東街頭前
> 溪人張火煙之妻蕭氏涼者，患眼疾頗重。前記二人，到該地探得是
> 事，乃往張宅，向蕭氏作毛遂自薦，謂非此神，不能根治。張妻信
> 以為真託為祈禱，被騙去金百六十圓，服符水無驗，至是心甚不甘，
> 具稟告訴，陳張兩人立被拘去。〔註116〕

由於此案件乩童與法師為共同參與詐欺案，乩童為主要表演者，主要是靠神
降手法，代表神靈顯靈賜藥診治，另一搭配者法師，為乩童旁的輔助者，幫
助解說其囈語、乩字等給案主知曉，畫其符咒給予民眾飲用之，假冒神明之
言，告訴張妻疾病原因，在於被二十年前亡姊之靈所憑附，想要趨此災禍，
必須散以百金在路上，結果張妻按照所說執行。〔註117〕上述種種的問病治病
的民俗療法，使張妻非常相信，詐取金錢一百六十圓龐大金費，但是符水無
效，使張妻驚覺到被騙，這也顯示民眾盡信巫不信醫，巫覡抓準這慣習，獲
取龐大利益。

有一案例為乩童亂開方藥，民眾信以為真，花了大筆金錢，相信能療癒
身體：

> 景氣不況，奸詐之徒，到處跋扈，間有利用神佛，蠱惑無智婦女，
> 搾取巨利者，比比皆是。譬若某甲某乙，一作乩童，一作法師，託
> 言神佛附身，為疾病之人濫開處方，視人命若草菅，又若某婦，亦
> 利用某齋堂，募捐而外，兼行密醫，託言為神佛妙方，花言巧語，
> 誤人不淺。……〔註118〕

〔註116〕不著人撰，〈乩童詐騙婦女　發覺被拘〉，《漢文臺灣日日新報》，1929 年 6 月
　　　　21 日，版 4。

〔註117〕不著人撰，〈童乩惑人　懲役一年〉，《漢文臺灣日日新報》，1929 年 7 月 25
　　　　日，版 4。

〔註118〕不著人撰，〈乩童濫處藥方　多視人命如草菅　希望當局嚴重取締〉，《漢文日
　　　　日新報》，1933 年 8 月 2 日，版 6。

臺灣在於 1933 年經濟不景氣的影響，人心惶惶不安的氛圍底下，民眾尋求精神慰藉之感更為渴求。乩童、法師、女巫等更乘勢崛起，藉由神明之言，吸引普羅大眾相信其術，加上此類巫覡賣弄花言巧語，靠著神靈鬼神能賜福或作祟等話語，威脅與利誘之，使民眾更為熱衷於此，被騙去大量金錢也在所不惜。

　　關三姑之法為女巫或男覡能代人落陰，或使案主落陰，詢問已故親人是否安好，尤其民間婦女特別迷信之，藉此法術騙取金錢之案例：

> 近有苗栗廳苗栗一堡後壟庄二三○番地飲食物行商蘇慶能者，無賴漢也。去六七兩夜，往通霄支廳苑里庄附近，亦以落陰惑其愚民，騙取金錢不少，警官知之，以為惑亂人心，越日拘之至，處以拘留三日。聞其法乃一種催眠術，使欲落陰者坐于神前，緊縛其兩眼，祈禱乘其狀若沉睡，乃為種種之發問，幻夢之間，意想所結，其亡者之情狀，往依稀如在目前。請其祈禱者必先與以十八錢，俟其有所見，即取其謝儀或兩三圓不等。慶能行此法于苑里庄，受其惑既十數人，中有莊大憨者，其父未亡時，有腳疾甚苦，會大憨與人講訟，父憂之，勸其息訟，慶能常遇之，因備聞其事。昨年父死，埋後其腳旋折，遂請慶能祈禱之落陰，慶能乃于其時為言之鑿鑿，大憨朦朧間，一如其父亦為是言焉，于是遂患神經病，至今臥病不癒，諸如此類，不一而足。……〔註119〕

根據上述描述，可以了解到落陰之術深受大眾信賴，其術在於巫覡暗中調查案主背景，或是順從他人話語，講述過去種種歷歷在目之事，表現出有如案主親人般的熟識感，使案主取信之，而身受親人感動，失去理性判斷，墜其術中不能自拔。但是通靈的結果，巫覡利用通靈話語安慰思念親人的心理，也是民眾迷惑於此的因素。

　　社會流傳真主將會降下世俗，利用女巫謠傳預言，引起民間騷動，官方政府聽聞此消息，也緊繃了神經，社會案件包含詐財與社會叛亂等因素在：

> 嘉義警察署，去十五日早司法高等兩係員，異常緊張。……。竝檢舉多數男女，聞係新化郡江某，與嘉義西門外某會社就職中，施某共謀。利用某女巫宣傳，謂天神將遣施某為真主，江某為軍師，一般市民須成立，不即天災立將。當局偵知乃出活動，聞愚夫愚婦騙

〔註119〕不著人撰，〈左道惑眾〉，《漢文臺灣日日新報》，1907 年 10 月 28 日，版 9。

金額，約二千餘圓云。〔註120〕

有心人士利用民間信任巫覡，以此來做大自己的勢力。此預言有恐嚇的意味存在，使民眾害怕不支持此組織活動的話，神靈會降下可怕的天災，使民眾不得不相信，而且民眾要提供大量資金全力支持。有心人士巧妙利用普羅大眾對於超自然的恐懼心理，使女巫的謠言越傳越廣，民眾為了避免恐懼危害，紛紛按照指示來行事。此風潮讓詐騙金額有如此之高，甚至壯大其神秘組織，驚動到官方政府警戒此事。

法師社會案件，以符法師使用法術為例，使民眾感到害怕，感受到未知的威脅，詐騙錢財，以及危害生命：

> 符法仙經常使用法術為害良民，有時像人強求金銀財物，有時甚至謀害他人生命，所以臺灣人非常恐懼。其中有的符法仙，更會接受人們的委託，替人雪恥復仇，方法是先畫好他的魔術符，偷偷放進食物中，使被害人吃了就發瘋，有的甚至會死亡。另外還有些符法仙，運用這種魔術，橫行愚夫愚婦之間，騙取他們巨額的金錢。〔註121〕

民間符法師的形象，有正反兩面，正面之形象，為人消災解厄，問病治病的功效；另一負面的形象，心懷不軌之徒會拜託符法師作法，害人生病及發瘋等情況，使民眾恐懼心態由然而生，符法師更利用此機會詐取更多利益。符法師的社會案件中，有一案例在豐原街有兩婦人，因丈夫外出，在家留守之時，來自臺中市梅枝町（今臺中市北區）十四番地林石登，自稱為法師，其法術高強，能代人栽花換斗、驅除百病，結果兩婦人被騙去現金二十七圓。〔註122〕這顯示民眾在於無知之下，屈就於舊有慣習，跟自己有關事物，關心與擔憂至極之下，失去理性判斷，在不知不覺中被詐騙金錢。

術士詐欺案件探討，其中有一案例為心術不正術士，在阿緱廳港西中里浮圳庄（今屏東縣內埔鄉）郭天助，以算命為業，並且兼學些外科。該庄之人李烏士罹口瘡病，尋求郭天助幫忙，而郭術士先用毒害之藥再用醫藥診治，並且跟李烏士要醫禮藥價二十圓，結果過沒多久李烏士反而口瘡更為嚴重，

〔註120〕不著人撰，〈謠傳真主出嘉義　女巫詿惑一般愚婦女　當局活動檢舉多數居民〉，《漢文臺灣日日新報》，1931 年 12 月 18 日，版 4。

〔註121〕鈴木清一郎著、馮作民譯，《臺灣舊慣習俗信仰》，頁 72。

〔註122〕不著人撰，〈稱符法師　詐騙婦人金錢〉，《臺灣日日新報》，1934 年 8 月 29 日，版 8。

口中之傷變成腐爛之狀，他的家人驚覺是下毒，趕緊赴派出所報案。〔註123〕
術士除了以算命卜卦爲業，還有兼作治療疾病之事，可是心懷不正之術士想
要獲取更多利益，反而使民眾的身體健康受到損害，並且損失財產，可說是
得不償失。

　　此外，有一則術士詐欺案例，有關於兄弟之間爭吵，害人者想聯合術士
以其法術來殘害兄弟，反而被反將一軍：

> 新竹北門外鄭寬、鄭廉，從兄弟也，皆襲先代鄭究時之名。在城隍
> 廟裏，操命卜之業，同藝相妬，其含怨已有日矣。近因家中香火，
> 輪番支費，各維持半個月。是夜適當月終，燈火尚有殘膏，廉竊用
> 以操私務，被寬妻見之，出言肆虐，遂相角口，幾至操戈。廉益憤，
> 每思有以報之，聞某術士，能以術使人狂。即往求之，願以六十金
> 爲謝。術士私以其情告寬，且曰：「君俟我給以符咒後，三日內假作
> 顛狂態，若得謝金，當半分之。」寬從其教。術士乃與廉約：「七日
> 之間，術若有驗，金當送來。倘治療復元，不干我事。」廉喜曰：「果
> 能於近日使其發狂，六十金當不靳酬。」術士即書符一紙與之，廉
> 持歸如法施行。果於三日內，見寬作狂態，口喃喃不知說何語，其
> 妻憂之，閉於室中。過數日，因戚友勸上臺北治療，術士得金後，
> 以參拾金寄到臺北交寬。寬在北逍遙十餘日，始復歸家，演劇暢飲，
> 依然如故。近日廉听知其詐，然已悔無及矣。〔註124〕

術士串通好被施術之人，以計謀使心懷不軌的鄭廉相信，反詐騙鄭廉。此術
能成功與否，得靠被施術者溝通聯絡，表演出如此精湛的演技，使鄭廉唬得
一愣，相信術士法術如此靈驗。而最後得利者是術士與鄭寬兩人，這種害人
者反而被自己害人之心反將一軍，得到了教訓。這案件可知術士的法術，有
魔術般手法，彼此互相串連起來，演出一場精采絕倫的戲法，可使在場之人
相信法術有如此靈驗之說。

　　術士與民眾的醫病關係中，假術士稱白虎之煞，犯沖民眾身體疾病，使
民眾深受恐懼：「其人乃臺中州南投郡草屯庄南埔四五七吳牛，年二十五。因
本年三月中，新高郡集集庄北勢坑楊日，年四十八，兩手不遂。吳牛詐稱爲
術士，告楊日：『以爾兩手不遂之病，乃犯白虎，若非祭白虎，則終身難癒。』

〔註123〕不著人撰，〈術士可惡〉，《漢文臺灣日日新報》，1905年7月21日，版5。
〔註124〕不著人撰，〈墜其術中〉，《漢文臺灣日日新報》，1908年9月16日，版4。

楊日信以爲然，被騙去謝金六十圓，後遁。……」〔註125〕而假術士藉由沒有根據說法，假稱犯白虎，利用恐懼身體之心理，詐騙民眾金錢，在社會案件中屢屢出現，民眾卻屢陷陷阱，其依賴術士之深，也受制術士之害。又，有一案例也是自稱術士，自稱術士之人爲新營郡鹽水街（今臺南市鹽水區）前科犯張舉，在東石、嘉義、新營一帶，詐騙各地婦女，受害者有三十餘名，其詐騙金額高達數百圓。〔註126〕自稱術士詐騙之風行，可想見民眾熱衷術士法術，有心人士利用下，易於使民眾陷入陷阱，賺取許多不義之財。

　　有一案例爲來自中國江西省的王理明，在 1927 年 4 月時渡臺，在 7 月初臺中州東勢郡（今臺中市東勢區一帶）以賣卜爲業，許多當地的農民慕名而來，卜算未來命運，形成一股風潮，後來被當地警察發現，並且以詐欺罪取締之。〔註127〕這種靠著民眾口耳相傳的名賣卜者，只要心懷不軌的人士利用此名聲流言，就有賺取龐大利益可圖。有一案例爲假冒賣卜者，乘人心靈脆弱之時，以消災解厄之方法來詐欺民眾：

> 彰化市東門一〇二番地邱銀河，年三十九，乃前科橫領詐欺及醫師法違反數犯者。最近探聞北斗郡二林庄後厝保正洪論氏，年近古稀，家僅一子，前月間，不幸病故，其悲憂莫可言諭。邱乘機，先寄信兩次，詐稱爲員林郡溪湖庄汴頭字阿狂厝一〇番地曾水旺，信中略謂汝家甲戌、乙亥、丙子，此三年內，凶多吉少，貴人反爲怨人，今後交友要三思，切不可入活鬼陣，我爲汝推荐，現溪湖客店，來有一位無名師，能爲人消災解厄，汝往請之，必見效驗。洪氏正疑惑間，去三十一日果來有一位賣卜者，到洪氏宅，正誇其所能，遇二林分室上刑上，亦到洪氏宅，觀其行動可疑，即令其同行，到林分室，取調結果，發覺其慣用以□種手段，到處行騙，現尚留置取調餘罪云。〔註128〕

賣卜者只要在民間流傳是有名賣卜者，民眾往往都互相通知，紛紛前往去給

〔註125〕不著人撰，〈詐稱術士　卻爲人祭白虎　得謝禮逃走〉，《臺灣日日新報》，1934年 6 月 7 日，版 4。

〔註126〕不著人撰，〈自稱術士　詐騙婦女〉，《臺灣日日新報》，1934 年 11 月 11 日，版 4。

〔註127〕不著人撰，〈愚民を迷はす　賣卜者　檢舉さる〉，《臺灣日日新報》，1927 年7 月 18 日，版 2。

〔註128〕不著人撰，〈欲爲人消災解厄　假賣卜者遇眞刑事　惡漢被拘往二林分室〉，《臺灣日日新報》，1935 年 1 月 9 日，版 12。

名賣卜者一算。由於有心人士通常都有前科罪例，甚至探聽大戶人家，或是富有人家剛好面臨一些家庭危機，或是喪親之痛，其心靈脆弱之時，這些假冒者便以說未來家運噩運連連之類，需要化解這些災厄，使心靈脆弱者有其依靠可紓通，掉進狡詐的陷阱裡。

賣卜者以夫婦和好、治療心理疾病等術，來詐欺民眾，民眾還是廣爲宣傳，其靈驗可信，成爲一窩蜂的風潮：

> 現住嘉義市北門町二丁目三一番地之新竹州人，黃茂松，年四十五，業賣卜恆言其善於壓穰，妙舌翻蓮，藉以詐騙入財。渠於昭和九年秋間，偵知嘉義市朝日町五丁目，王陳氏英，與夫王來不和，遂□其能以法，使其夫婦增加愛情，婦信之，給以兩金乞一符與其夫吞服後，再詐稱苗栗術士，騙嘉義郡東勢湖，何林橋六十金，言將醫何子西本，狂易之疾稍有見效。乃利用其機，詐許何妻連氏金枝六百四十圓，謂欲作法使婦，得承乃夫之愛，事發以詐欺罪前於嘉義法院支部被判懲役一年六月。……〔註129〕

心懷不軌的賣卜者，利用當時婦女們間相信口耳相傳的有名術士，得到許多婦女們信任，加上當時婦女之間關心議題在於夫妻之間愛情維持爲佔大多數，還有一些關心家裡成員健康運勢等問題，婦女關心生活上問題的種種，沒有排解的管道，尋求有名術士成爲她們心靈獲得解脫之道，不軌之徒更加以利用。

以風水師詐欺案來探討，有一案件爲：「某甲者堪輿師也素習青烏，而未精然，爲人最佞善鼓唇舌，藉地理以詐人財囊，爲某乙卜一牛眠，決其四個月上必發萬金，乙惑之出酬金甚厚，乃自葬後，屢聞失財，寖寖日下，幾有一蹶不振之勢。」〔註130〕堪輿師運用舌粲蓮花的說法，想要獲得更多利益，卻任意卜其地爲風水寶地，民眾完全毫無懷疑，被言語蒙騙，掉入陷阱，損失龐大的金錢。術士妄稱自己有靈驗之術，吸引大批民眾前來朝聖，彰化警察署破獲龐大詐欺團，假稱命卜、風水師等，詐騙情況爲：「詐騙臺中、臺北、員林、北斗各處，凡數萬圓，置妻妾數名，極其豪奢。」〔註131〕詐騙金額如

〔註129〕不著人撰，〈賣卜者非爲　懲役年半〉，《臺灣日日新報》，1936年9月1日，版12。

〔註130〕不著人撰，〈蘆墩雜俎　堪輿難信〉，《臺灣日日新報》，1899年10月25日，版4。

〔註131〕不著人撰，〈彰署破獲大詐欺團　即假稱命卜風水等　爲人祭七星驅五鬼騙取

此之高，代表假稱術士的詐欺集團，有其一定的規模，只要假扮得宜，即可獲得龐大利益，更進一步詐欺成員享受極為豪華。民眾對術士依賴蔚為風潮，可見其狂熱之一面，在不知不覺中陷入無底深淵。

二、詐色相關案例

以詐色案件為探討，心術不正的巫覡利用本身擁有通靈、預知未來的能力，以巧妙的言語與催眠之法術詐騙無知者，掉入陷阱，更侵犯了案主的身體。案例為巫覡受到民眾委託，執行法術心懷不軌之情形：

> 有某甲夫婦皆習覡巫術，有延之者，招男鬼則以覡往，招女鬼則又以巫往。一日有某孀婦欲招其夫之魂，召覡至，俄而神來，娓娓作家常話，婦本美于姿，聞亡魂敘及燕婉，掩袂而泣，狀如帶雨之梨花。覡命之前，交頸語不休，婦以辭多徵中，動作亦酷類生平，益悵觸所懷，竟不知為覡矣。……〔註132〕

顯示巫覡通靈表演之術，順其話語，與事先調查此婦人背景，模仿她的亡夫維妙維俏，使委託者全然相信，觸動她心理思念之一面，這樣的陷阱也易使民眾陷入其中。

巫覡施展關落陰的法術，品行不良者用此機會來上下其手，其案例如下：

> 在進行關落陰時，通常作術者都是男人，被術者都是婦女。特別是寡婦，為知道死去的丈夫情形就接受這種法術。然而有一點必須一提，就是一些品行不端的作術者，往往在被術者的婦女處於催眠狀態時，乘機進行猥褻或其他難以告人的壞事，所以一般有教養的家庭都禁止婦女接受此種法術。〔註133〕

狡詐的巫覡利用此術，以催眠方式促使民眾進入半昏迷的精神狀態，被害者在半睡半醒之中被心術不正的巫覡進行猥褻之類的壞事，詐色案件在社會新聞時有所聞。

假藉神明顯靈預言，詐騙婦女美色之姿，有一案件為例，在高雄州東港郡東港街（今屏東縣東港鎮）人，名叫鄭傳，家中有一「三姓公」神像，自稱非常靈驗，身為乩童，迷惑一般迷信婦女，甚至詐取錢財，而且性好色。

巨金〉，《臺灣日日新報》，1935 年 7 月 5 日，版 4。

〔註132〕 不著人撰，〈覡巫〉，《漢文臺灣日日新報》，1911 年 7 月 9 日，版 3。

〔註133〕 鈴木清一郎著、馮作民譯，《臺灣舊慣習俗信仰》，頁 69。

詐色之案例情形：

> 且有一情婦，名阿糖者，爲作針線兒，以誘迷信之婦女，俾墜其奸
> 謀以遂歐欲焉。日前有同街林氏女，芳齡二十，因身體有疾，到鄭
> 家問休咎，不料食髓知味，覺其秀色可餐，乃與情婦妥議。而後藉
> 神發言云：「爾有大難及身，須在乩童家，度過七日夜，吾神當爲解
> 危，否則殆矣！」女聞之，惶恐無措，乃如所言，果在其家度夜，
> 是夜竟被暗渡陳倉，破損名節。女已字人，于歸期至。而鄭心猶未
> 足，乃百般唆使，向其未婚夫告訴退婚。婦人水性楊花，一時心動，
> 立備出金百四十圓，公然出訴退婚，兩方大鬧不休，更有某勢力家
> 從中袒護，強迫婿家退婚，而遂其請。光天化日之下，此輩橫行，
> 實亂地方風俗，可縱之耶！〔註134〕

乩童詐色之案，使當地風俗聞之色變，而假藉神明之舉，迷信民眾完全毫無
懷疑，並且十足信任之。乩童要以言語巧詐，用恐怖的未來預言，如災難臨
頭等威脅言語，使迷信婦女身陷恐懼心理，而被狡詐的乩童得逞，更進一步
還使人逼迫退婚。這種擾亂善良風俗的情形，還有迷信之家強力的支持，可
見其影響力有如此之大。此外，還有一案例也是邪術師詐色之案例，在大甲
郡大安庄（今臺中市大安區）黃某的媳婦年紀爲十八歲，聘請彰化郡大竹庄
（今彰化縣彰化市）人王林，幫忙黃氏未婚夫治療精神疾病，但是被黃某的
媳婦美色吸引，王邪術師以暴行得逞，後來黃家得知媳婦委實相告，報官逮
捕王邪術師。〔註135〕還有一案件，也是因爲所施之術有靈驗之處，民眾口耳
相傳，但是此術有猥褻陷阱，有一惡道士的猥褻案例：「嘉義街西門外清靖壇
惡道士柳南山，前被同所陳某雇爲小兒祭煞，南山乘陳不在，以道士印，蓋
陳妻私處。」〔註136〕此類的詐色情況，常常有迷信民眾屢屢受害，奸惡之徒
利用言語巧詐與靈驗法術，取得民眾信任，讓受害者損失名節。

　　有一案例爲通姦詐色案件，在大稻埕平和街（今臺北市大同區）三番戶蕭
牽夫婦，皆雙眼俱瞎，派妻劉銀英，拜於下磨車街（今臺北市大同區）百二十
番戶莊德旺學習算命之術，沒想到莊算命師素行不良，貪圖美色，與劉銀英通

〔註134〕不著人撰，〈乩童藉神姦淫〉，《臺灣日日新報》，1925 年 8 月 26 日，版 2。

〔註135〕不著人撰，〈邪術師犯色戒　被送檢察〉，《漢文臺灣日日新報》，1927 年 7 月
　　　　17 日，版 4。

〔註136〕不著人撰，〈柳道士再被拘〉，《漢文臺灣日日新報》，1929 年 12 月 8 日，版 4。

姦，更誘拐劉氏攜帶首飾物件約六十圓逃往李處，蕭氏報警處理。〔註137〕後來法院判決離婚，莊算命師非常得意，享齊人之福，蕭氏頗爲情緒低落，後來聽聞，莊氏元配妻白匏，她的巫術之術非常靈驗：「尤推白匏爲最，能入地獄陰府，爲人尋亡魂。臺俗語號爲牽尪姨是也，此術尚靠利口，鼓惑庸愚，騙人財物，近來家中衣食頗裕。」〔註138〕打聽鄉野傳聞後，蕭氏知道莊氏爭寵的情況，原因在於：「英歸莊後，擅專房之寵，而白匏獨宿冷衾，醋海興波，與之較鬧，莊厭之，鞭撻頻加。」〔註139〕正當白匏孤苦無依之時，蕭氏與之說合，結果一拍即合，後來私奔到蕭氏處，這案例也說明了，詐人妻子者，反被將了一軍。

從上述詐色案件中，透露出許多訊息，靈驗者常被民間相傳，心術不正者利用此機會，以言語詐術，恐嚇民眾未來會臨大難等各種恐怖的預言，使民眾恐懼心理大增，進而相信其術，甚至順其話語，表演精彩絕倫的戲法，扮演案主亡者親人的話語與動作，使民眾觸動思念之情。狡詐者撒下陷阱，一旦踏入就走進了惡狼之口。

三、暴力衝突、傷害等相關事件

巫覡、術士有預言能力，能煽動民眾心理，造成普羅大眾人心惶惶不安，有心人士更可以利用這點，按照他的方法避免此預言災禍，群聚起來形成一股龐大勢力，使有關當局者感受威脅。此外，民眾相信巫覡、術士治療疾病之法，但是卻以民間療法造成更嚴重的傷害，更嚴重者造成性命喪失。

有一案例爲1929年臺南州新化郡蘇厝寮（今臺南市安定區）部民與曾文郡謝厝寮（今臺南市麻豆區）部民，爭奪浮復地三百甲，所導致的流血衝突，其衝突原因在於乩童運用預言煽動群眾：

> 乃由童乩之豫言，事件發生數日前，蘇厝寮施入，在曾文溪渡場支抵於北港郡西港庄地點，拾得木刻王爺。無知頑民，妄謂天將降福於蘇厝寮民，時值浮復地爭奪問題頓挫之際，即使童乩占驗於王爺，王爺告以不妨殲滅謝厝寮民。爲此庄中少壯，各手竹棍木槌，襲擊耕作中之謝厝寮民，而事竟與神言相反，每日皆有數名被警察課檢

〔註137〕不著人撰，〈師拐徒逃〉，《漢文臺灣日日新報》，1906年10月13日，版5。
〔註138〕不著人撰，〈悖入悖出〉，《漢文臺灣日日新報》，1907年11月14日，版5。
〔註139〕不著人撰，〈悖入悖出〉，《漢文臺灣日日新報》，1907年11月14日，版5。

舉。……。迷信頑民，遂疑王爺無靈。……去十八日，乃將王爺一
刀兩斷，以洩積憤。……〔註140〕

民眾相信乩童預言，由於假藉神靈預言，煽動群眾心理，瘋狂的舉動被鼓舞
起來，每個庄民猶如盲目的姿態，成為一股強大的反動勢力，造成與隔壁庄
之間嚴重的流血衝突，到後來被警察一一逮捕。由於透過乩童鼓動群眾採取
暴力衝突，成為一種暴力符合神所同意的方式，是由神所旨意，造成官方政
府嚴重看待此事，深怕擾亂社會治安，派遣警察調查臺南州從事乩童職業人
口，還有副業為乩童，全州約有三百名左右。〔註141〕可見違警例執行以來，
底下乩童紛紛在檯面下暗中執業，有關當局還是防不慎防。

　　另一案件為民眾尋求乩童治病，以民間療法造成民眾身體嚴重傷害，導
致死亡案例：

> 本島人迷信童乩，遂有施術者對被術者慘殺事件。臺南州新營郡鹽
> 水街四六程錦源，年二十二，三月二十四日突然精神異狀，家人等
> 擬為治療，招請東石郡布袋庄前東港二二三童乩蔡振東，年四十四，
> 為之祈禱。三十一日午後零時半，突然死亡。郡警察課疑其死因，
> 於郡警察職員立會之下，由翁醫師檢驗，判明全身數處，受金釘刺
> 傷，及右胸部腹部有手拳打撲傷，腹部全體皮下出血。目下郡警察
> 課捕往童乩蔡振東。……〔註142〕

民間對於精神疾病，毫無認識之下，通常被認為是被鬼怪作祟等猜測，請乩
童幫忙治病，結果民間療法採用暴力行為，代表驅魔的儀式，反使被術者全
身受到重傷害，全身傷痕累累，嚴重到喪失生命。此種施術方式，盲目的民
眾毫無懷疑，卻引起了悲慘事情的發生。

四、其他

　　民眾對於有名術士，通常都抱著慕名而來的心態。有幾個案例為來自中
國的賣卜者，原本為茶商，得到渡臺證明後，實際操命卜行業，在臺灣當地
形成一股風潮，民眾幾乎前去給予一算，一窩蜂的舉動，引起官方認為有違

〔註140〕不著人撰，〈農民亂鬥出於迷信〉，《漢文臺灣日日新報》，1929年6月2日，
　　　　版4。
〔註141〕不著人撰，〈蠱惑人心助長迷信〉，《漢文臺灣日日新報》，1929年6月8日，
　　　　版4。
〔註142〕不著人撰，〈童乩醫治狂人〉，《漢文臺灣日日新報》，1930年4月4日，版4。

反違警例，以亂占斷人吉凶禍福之故，起而禁止。其案例爲：「中國福建省南靖縣人張得才，年三十，及廣東省梅縣張得利，年二十五，爲茶葉行商，受該地領事渡臺證明。到新竹郡，竟轉業賣卜，感惑人心，事被警官探知，拘往說諭，命其退去，十三日盟歸中國云。」〔註143〕兩位原爲茶商，實際爲命卜爲業，可見利益頗豐。還有一案例也是類似的，來自福建省海澄縣太江人廖英才，自昭和7年（1932）8月登陸臺灣，謊稱爲嘉義市榮町三丁目（今嘉義市西區番社里）六一番地人，在小梅（今嘉義縣梅山鄉）及斗六等地區賣卜爲業，後來被警察署特務偵知並取締。〔註144〕另外，民間風行之風水術，特別重視有名風水師之稱號，特別延請幫忙看家相、祖墳等，來自中國福建省撫州府樂安縣添壽鄉武冠龍，登臺後幫忙看風水爲業，因爲本身爲地理師之故，以妨礙公安，被虎尾郡警察課檢舉，命令歸國。未到一個月後，又偷渡來臺，徘徊於斗六、嘉義等地，替民眾選擇墳墓，又被警察檢舉之，再次命令回鄉去。〔註145〕中國之術士、賣卜者，屢次前來臺灣從事賣卜、風水等行業，民眾一窩蜂風潮，創造一股龐大的商機，賺取利益之多，甚至不辭辛苦來此，造成政府管理民間人口的漏洞，而普羅大眾尋求口耳相傳名術士的熱衷情形，這種風潮是非常可觀與瘋狂的態度。

根據臺灣原鄉習俗，了解臺灣與原鄉的習俗有哪些異同。尤其臺灣重巫、信鬼神的觀念，由來已久。自福建、廣東原鄉的習俗傳入臺灣，並且在臺灣生根融合當地文化，適應臺灣特殊環境。由於開發早期的危險性，民眾對於精神的寄託如神明、占卜的儀式，非常的依賴，造就發展的契機。不過，清代臺灣的律法針對巫覡、術士，採取嚴屬的懲罰，如同日治時期臺灣違警令的頒布，禁止巫術一樣。雖然公權力的介入，但是成效有限。政府對於韌性極強的傳統慣習，認爲是叛亂的淵藪；相對於民眾來說，占卜慣習是值得信賴的。至於，「民間占卜」分成三類型，一種爲自然徵兆的卜卦，觀察自然異象，判斷爲災難的徵兆。第二種爲民間自行操作的占卜，以人民自行操作卜具，靠著「聖筊」與「聖籤」得到啓示。第三種依靠巫覡、術士卜卦，這類型需依靠專業人員的媒介，以神秘儀式或是推算嚴密的術數作出未來預言。

〔註143〕不著人撰，〈賣卜者命歸中國〉，《漢文臺灣日日新報》，1932年2月16日，版8。
〔註144〕不著人撰，〈嘉義　拘賣卜者〉，《臺灣日日新報》，1934年4月10日，版4。
〔註145〕不著人撰，〈華人地理師　命令歸國〉，《臺灣日日新報》，1934年4月24日，版4。

　　巫覡、術士靠著民間口耳相傳的靈驗，與獲得利益頗豐，形成民眾瘋狂
前來拜訪的舉動，使懷有不軌之徒有機可乘，利用狡詐言語，以恐怖的未來
預言恐嚇民眾心理，並且蠱惑群眾集體意識，掉入邪惡的陷阱裡，詐騙其錢
財、美色，更進一步傷害身體、喪失生命都有其案例可循。民眾與巫覡、術
士的互動，如此密切不可分，民眾一窩蜂風潮之盛行，無知、迷信者紛紛掉
入陷阱屢屢在社會案件出現。

第二章 臺灣總督府對巫覡術士之政策

在舊慣溫存方針時期（1895～1915 年），日本官方採取尊重地方風俗，因為臺灣抗日行動頻繁，對於宗教活動，官方採取容忍的態度，藉以攏絡民眾，以適應統治的需要。1915 年發生了西來庵事件，此事件跟宗教迷信聚眾有關，引起臺灣總督府下達調查全臺的指令，所謂「調查與制度整備」期（1916～1936 年），相關報告書的出版，方便總督府掌握臺灣各方面的情況，並以文明開化自居，認為臺灣風俗需要改善，必須施以法律制度的限制、教育教導民眾，開啟民智。1937 年中日戰爭爆發，臺灣社會進入戰時體制，動盪的時局，政府採取精神統一政策，嚴屬管制巫覡、術士，整個風氣轉向消滅本土固有宗教慣習，態度丕變為本章探討重點。本章即以早期統治時期溫和主義與強制鎮壓的兩面策略，調查整備時期的策略，彈壓緊縮時期的巫、術者等三節加以討論。

第一節 溫和主義時期與強制鎮壓的兩面策略（1895～1915）

1908 年違警例實施以前，臺灣總督府對臺灣民間占卜信仰的態度，大致採不干涉之姿。到 1915 年西來庵事件爆發後，臺灣總督府開始正視有關宗教的事項，包含從事巫覡、術士、道士、僧侶等職業的調查。但除迷信蠱惑大眾的巫術占卜，與秘密的集會結社抗日外，基本上尊重臺灣傳統習俗活動。

不過，大部分活動還是受制於警察的監視底下。如「巫覡被視爲利用迷信騙取他人的錢財，而爲法所禁。台灣的巫覡大多是下層階級的業餘者，日據後由警察官員嚴格取締此等人，但尚未訂定法令禁止。」〔註1〕從《臺灣私法》可以了解到日治時期的臺灣社會，以巫覡爲業者大多是下層社會的人。雖然政府視這些職業者爲從事迷信的行業，甚至會騙取錢財，造成社會治安不良。但法令並沒有明文規定禁止，其活動仍持續著。只要不要結社反日，基本上是可以容許的。不過，總督府的態度往往是矛盾的。雖然傳統習俗活動是被允許，但何謂迷信多屬主觀的認定，就有這段批評「由於流言、蜚語、妖説以及附合雷同性的情形造成台灣人的迷信，而台灣動盪的事件多又容易發生，有實例可以證明要加強取締。」〔註2〕所謂實例就是指北埔事件、苗栗事件、噍叭哖事件等，這三件事件官方認爲與宗教迷信有關，可以確定總督府對於這類案件往往都會用風俗的角度來探討原因，對於迷信的發生更是加以撻伐，民間《臺灣時報》指出「巫覡利用神蹟符水治病，蠱惑人心，造成社會動亂。」〔註3〕視迷信與動亂相連，更何況是官方的態度。臺灣總督府早期採用溫和主義的方式，容忍臺灣從清代傳下來的傳統文化習俗，文化習俗非一朝一夕就能改變，須要潛移默化的教育與政策宣導。而官方考量到治臺初期的動盪，改善文化習俗有待政局穩定，才能以教育來教化人民。這時期官方的態度是矛盾的，不只是一種權宜之計，更是一種攏絡的政策。

一、臺灣總督府對具占驗色彩抗日活動的處置

　　1896 年 8 月 19 日第二任臺灣總督桂太郎（1848～1913）到任，認爲官民之間有溝通管道之阻礙，遂於各地方設置投訴箱。次年六月嘉義縣商紳投訴一文，指出臺灣時弊，曾指出「各地既有民俗一時欲加更改甚多困難，除有害國體者外，宜姑且順從民情，則治御人民可免其紊亂。」〔註4〕商紳所提出的弊端，不可一夕之間改變，建議官方處理大部分慣習應順從民俗，可見政府管理臺灣舊有慣習以從寬爲上。第三任臺灣總督乃木希典（1849～1912）

〔註1〕臨時臺灣舊慣調查會著、陳金田譯，《臺灣私法》，頁201。

〔註2〕池山龜壽，《台灣の全貌》（臺北：成文出版社，1985年），頁128。

〔註3〕伊能生，〈迷信に基ける清國の變亂〉《臺灣時報》，1903年12月20日，頁251～253。

〔註4〕臺灣總督府警務局編、蔡伯壎譯註，《臺灣總督府警察沿革誌第二編，領臺以後的治安狀況（上卷）Ｉ》（臺南：國立臺灣歷史博物館，2008年），頁305。

沿用此一政策，因此，採取：「欲遷移風俗習慣宜以經年歷月中求默化之功，故應任其自然而切忌擅加干預」的態度。〔註5〕

因此，領臺之初，臺灣總督府以溫和漸進的方式來處理臺灣風俗習慣，希望從潛移默化中來改變臺灣風俗習慣，順其自然而不是強加干涉。「對本地民之習慣風俗，任其自然改良，政府不加以干涉，且法律亦視本地民之情況而設定之。」〔註6〕從上述可知官方採取舊慣溫存的策略，為統治初期的權宜之計。

（一）1908 年臺南二十八宿會事件

日治初期，面對武裝抗日分子紛起不斷，兒玉源太郎總督發佈《匪徒刑罰令》，強調參與抗日者以其律令處之。〔註7〕其規定「不問目的如何，凡為達其目的而以暴行或脅迫而結合人眾者，以匪徒論罪。」可見律令之嚴厲。〔註8〕早期的抗日事件，其中有幾件帶有迷信色彩，使日本官方不敢大意，1908 年的臺南縣之二十八宿會陰謀事件，被視為以迷信號召抗日活動。〔註9〕此事件的主要人物為臺南廳僧侶蔡障、嘉義廳雜貨商丁鵬、鹽水港廳林庭等共同籌組二十八宿會，對各地有恆產者遊說，以籌募資金，宣稱：「近日間清國大軍，將登陸本島襲擊官衙，殺戮官吏奪回本島，值此加入二十八宿會，並捐獻軍費者，可期日後獲授相當官階外，並獲高額俸祿光祖耀宗可待。」〔註10〕吸引不少民眾參與。丁鵬在 1918 年 7 月 26 日，至鹽水港廳六甲支廳轄區赤山堡官佃庄胡大炖處（今臺南市官田區），展示自稱為清國大官朝服之衣裳一襲，施加裝綴之劍一把，玉製角印一隻及其他少許藥品、護身符狀等物品，丁鵬以占星術之占卜跡象，再輔以符法，作為號召的主要依據：

> 近日間多數清國官兵來臺，相約於本年陰曆八月中旬，欲襲擊各處

〔註5〕臺灣總督府警務局編、蔡伯壎譯註，《臺灣總督府警察沿革誌第二編，領臺以後的治安狀況（上卷）I》，頁 318。

〔註6〕臺灣總督府警務局編、蔡伯壎譯註，《臺灣總督府警察沿革誌第二編，領臺以後的治安狀況（上卷）III》（臺南：國立臺灣歷史博物館，2008 年），頁 7。

〔註7〕王泰升，《台灣日治時期的法律改革》（臺北：聯經出版社，2010 年），頁 236～237。

〔註8〕矢內原忠雄著、周憲文譯，《日本帝國主義下之台灣》（臺北：帕米爾書店，1987 年），頁 159。

〔註9〕據說仿稱漢朝之二十八勇士為會名之秘密結社。

〔註10〕臺灣總督府警務局編、蔡伯壎譯註，《臺灣總督府警察沿革誌第二編，領臺以後的治安狀況（上卷）III》，頁 218。

> 官衙光復本島。屆時若清兵人眾不足，以此玉印蓋於紙片加以施法
> 即可瞞敵。且本人亦將著此朝服佩此寶劍，掌兵符必勝無疑。若汝
> 等心存不信，吾將就地蓋玉印於紙片，變兵將以示。且長久以來，
> 黎明前之明星（本島人稱此爲皇帝星）失其光輝，但自本人籌劃本
> 事件後，即見其復放燦爛光輝。此確爲應天意之兆也。〔註11〕

丁鵬利用中國傳統「二十八宿」〔註12〕之占星術，預言皇帝星黯淡，表示要改朝換代之意，利用預言吸收民眾加入。且宣稱可藉符咒法術，利用兵符變出更多兵將來助陣，以神蹟吸引民眾加入。引起官方的注意，暗中加緊調查。鹽水港廳士紳林庭也利用相同的方法，作爲號召：

> 本年八、九月間將降大雨，淋其雨者必死，但持蓋有五岡經符之紙
> 片者，則不論如何淋雨不但不死且不罹患惡疾。本年陰曆八月，清
> 兵將大舉登陸臺灣，襲擊官衙殺害日本人欲光復本島，爲此已組織
> 二十八宿會。在臺北有陳通，南路有拋大其姓不詳，樸仔腳有丁鵬。
> 本島光復後，丁鵬將登基爲新皇帝，陳通、拋大任襲擊軍大將。今
> 捐出軍費者，日後必得高官位並獲鉅額恩賞。清兵攜來之槍械彈藥
> 發生短缺，可自襲之官衙取得。且丁鵬所持寶劍將入敵軍斬將陷陣。
> 二十八宿會爲秘密結社，一旦加盟不得洩密，洩密者必罹病而亡。
>
> 〔註13〕

官方認爲其言論爲巧騙脅迫民眾，在鹽水港廳逮捕若干人犯送辦。調查發現數十人聚資，金額高達一千百餘圓，屬於斂財騙局，未有圖謀騷亂行跡，最後將主謀與被唆使者，送交流浪者收容所。〔註14〕此事件雖以宗教詐財案結案，但官方不敢輕視其背後的影響。尤其是聚眾秘密結社，挑動官方敏感的

〔註11〕 臺灣總督府警務局編、蔡伯壎譯註，《臺灣總督府警察沿革誌第二編，領臺以
　　　　後的治安狀況（上卷）III》，頁218～219。
〔註12〕 二十八宿，別稱爲二十八舍或二十八星，爲古代中國將黃道和天赤道附近的
　　　　天空劃分爲二十八個區域。根據《淮南子‧天文訓》分成九野二十八宿，九
　　　　野分別是中央鈞天、東方蒼天、東北變天、北方玄天、西北幽天、西方顥天、
　　　　西南朱天、南方炎天、東南陽天；二十八宿分別是角宿、亢宿、氐宿、房宿、
　　　　心宿、尾宿、箕宿、斗宿、牛宿、女宿、虛宿、危宿、室宿、壁宿、奎宿、
　　　　婁宿、胃宿、昴宿、畢宿、觜宿、參宿、井宿、鬼宿、柳宿、星宿、張宿、
　　　　翼宿、軫宿。
〔註13〕 臺灣總督府警務局編、蔡伯壎譯註，《臺灣總督府警察沿革誌第二編，領臺以
　　　　後的治安狀況（上卷）III》，頁219。
〔註14〕 同上註。

神經，促使政府派遣警察勤加調查，避免成為武裝抗日的溫床。

（二）1912年頂林派出所事件

另一起帶有迷信色彩的抗日事件，發生在 1912 年 3 月 23 日襲擊林圯埔支廳頂林派出所事件，殺害派出所員三人。首謀者為南投廳沙連堡羌仔寮庄鹿谷（今南投縣鹿谷鄉）劉乾（？～1912），劉乾在兩、三年前被僱為林圯埔駐紮守備隊及憲兵之勞力，稍通日語，之後又學習漢字，甚至向清國福州人李明學習八卦觀相之術，平日以賣卜觀相為業，到處游走。在 1911 年 7、8 月間，劉乾在南投廳沙連堡大鞍庄（今南投縣竹山鎮大鞍里），被管區巡視中之巡查檢查，禁止他賣卜觀相，並且沒收他攜帶之經冊硯臺。這使劉乾頓時失去了謀生工具，對於警察更憤恨，其後到處遭到警察監視及叱責。因此劉乾自己認為難在平地居住，暗中在大鞍山中水堀之抄紙工坊旁結草廬隱居，早晚禮拜觀音，並受信徒奉養，劉乾本人則時而下山，藉祈禱儀式招募信徒。其共謀者劉錫也加入此團體，劉乾曾為賭博嫌疑，被巡查追緝時，曾經投靠劉錫，同是信仰觀音者，劉乾授予密傳占卜術，又傳授六十甲子判讀法，並日常受其米荣的饋贈，以此維持生計。〔註15〕

另一共謀者林啓禎為劉乾義母林蕊之嫡弟，而且在林的住宅設置觀音祭壇，安置劉乾之母林允及林蕊起居於此，並於晨夕來禮拜觀音。當地的居民主要是靠著砍伐竹林維生，在 1895 年總督府公布「官有林野取締規則」規定：「凡無所有權證件或足夠證明所有權的買賣契約的山林土地，一律收歸官有。」1908 年嘉義、竹山、斗六等 15000 甲的竹林經由總督府以無主山林地為由，沒收歸為官有，再以「委託經營」的方式，將土地山林由三菱株式會社經營，使原本依靠山林生活及小地主，所擁有的山林頓時失去。〔註 16〕在 1910 年 4 月間，發生了伐採竹林者遭竹林巡視員毆打之事，且規定一支竹筍或一枝枯竹，亦不得私自擅伐，使依靠竹林謀生計者大受打擊，甚至此毆打事件成為襲擊派出所的導火線，這些失去生計的民眾，暗中與懷恨警察的劉乾意氣相投，紛紛加入此秘密組織，其中傳授祕術占卜之術等術數，而且常在大鞍山中草廬聚談：

〔註15〕臺灣總督府警務局編、蔡伯壎譯註，《臺灣總督府警察沿革誌第二編，領臺以後的治安狀況（上卷）III》，頁 220。

〔註16〕郭明亮、楊蓮福，《一九三零年代的臺灣》（臺北：博揚文化出版社，2004 年），頁 57～59。

　　且於四十四年（1911 年）十一、二月間，在草廬與數人相會共謀殺
害日本人，企求排除日本人所施難忍之欺壓。並同意劉乾提議，先
行於東埔蚋國聖爺廟筊占，得神允諾後發難。另劉知因其兄劉順頂
禮拜觀音，而得劉乾傳授六十甲子，故於四十四年陰曆十二月間認
識劉乾。並自四十五年元月間，至中心崙以臨時工謀生，住宿於大
鞍山中劉乾草廬，朝夕爲供奉觀音禮拜燒香之助手，進而得劉某傳
授六十甲子之讀法，信劉某允諾能倒誦六十甲子，再授與觀相八卦
等方術，而甘受劉某使喚。〔註 17〕

從上述來說，以草廬來集結有志之士，結合崇拜觀音之信眾，當組織的聲勢
壯大，以擲筊來決定是否針對日本發動武裝襲擊。對於組織中的親信，劉乾
還授予六十甲子的占卜法，習得此術後，再進一步教授觀相八卦。凡此，以
彰顯劉乾具神算的能力，進而控制群眾，靠著神蹟來壯大自己的勢力。

　　在 1912 年 3 月 22 日晚上，劉乾在林逢之家宅聚集親信與民眾，供三牲、
蔬果、燒金紙祭拜觀音，並告眾人：「日前參拜江西林庄東埔蚋國聖爺廟，燒
金禮讚，未就眠之前出現著華服三聖人，即上告吾負大任，懇切祈願被封爲
皇帝義子時，彼答以汝若虔誠不移必得所祈願，故吾將征服在臺日本人而稱
王，並下賜汝等識字者爲大官，不識字者爲農一生安樂幸福。但若不順吾命
時，本地區將暴發惡疫而滅亡。」〔註 18〕當時民眾識字者是少數，這些識字
者自然是建立王國輔佐的功臣，不識字者則是如傳統農業立國的國家農民一
樣能安居樂業，這種官逼民反的觀念成爲當時一種趨勢，但是劉乾還以其言
威脅，假如沒有順從他的旨意去行事，反而會讓本地村莊爆發傳染病，目的
讓民眾害怕違背他的預言，能全力支持劉乾。劉乾的親信林啓順還從旁慫恿
其他民眾，並且加油添醋稱劉乾是神算之人：「此人能占卜，故不得背叛其言，
因其言均眞言也。」〔註 19〕使民眾信服他的領導。劉乾還詳述其方策：

　　　　首擊頂林派出所殺害巡查，再赴林杞埔殺戮官吏及內地人，繼而往
　　　　林內將被褥覆蓋於鐵路軌道，使火車鐵輪脫軌膠著顛覆。吾本人施

〔註 17〕臺灣總督府警務局編、蔡伯壎譯註，《臺灣總督府警察沿革誌第二編，領臺以
　　　　後的治安狀況（上卷）III》，頁 221。
〔註 18〕臺灣總督府警務局編、蔡伯壎譯註，《臺灣總督府警察沿革誌第二編，領臺以
　　　　後的治安狀況（上卷）III》，頁 222。
〔註 19〕臺灣總督府警務局編、蔡伯壎譯註，《臺灣總督府警察沿革誌第二編，領臺以
　　　　後的治安狀況（上卷）III》，頁 222。

隱兵之法，縱有萬人不得見吾軀，於二、三日內將可平定臺灣。汝
等中劉錫應著紅帽白衣藍褲，蕭知則著紅帽藍衣藍褲。此衣乃有穿
著者他人不能見，而槍彈不中之靈驗，且此扇亦可扇開槍彈。另此
旗係聖帝所賜應隨身攜帶，茲授扇及旗予劉錫與蕭知二人。林杞埔
方面則由吾劉乾本人負責。〔註20〕

其中方術的施展，劉乾認為身著藍衣紅帽，施加法術，有其隱身之術，敵人看不見劉乾等人，身著的衣裳有刀槍不入之加持，配上扇子，施予之法術可以扇開敵人的槍彈。這些神奇的法術，靠著神蹟方術的策略指導，鼓舞民眾起義，有其神助之功效。

在 1912 年 3 月 23 日清晨，劉乾率眾起事，襲擊林杞埔頂林警察派出所。駐在此地的二名日人巡查飯田助一、川島與川及一名臺灣人巡查補三人皆當場被殺害。林杞埔支廳接到頂林派出所被襲訊息，派遣警察與保甲壯丁團在頂林庄中心崙展開嚴密逐家逐戶的搜索，結果劉乾等人不出一星期被逮捕歸案。4 月 11 日以《匪徒刑罰令》宣判劉乾等 8 人死刑，1 人無期徒刑，3 人有期徒刑、無罪 1 人。〔註21〕

綜觀劉乾事件，日本政府把嘉義、竹山、斗六等大片竹林收歸為國家所有，使民眾失去生計來源。加上劉乾被警察取締使他失去謀生能力，組織祕密結社對抗政府，官方認為是具迷信色彩的抗日事件。但是此事件，因殺害警察人員，有謀反之證，臺灣總督府以強行鎮壓與調查。但官方還沒有大規模宗教調查，無法了解臺灣人背後的精神，直到西來庵事件才大規模、有系統地徹底清查其民間信仰概況與從事相關職業之人。

（三）1912 年土庫事件

另一起抗日事件為「土庫事件」，此事件的主謀者為嘉義廳打貓北堡大埤頭庄（今雲林縣大埤鄉）黃朝（1881～1912）、黃老鉗（1859～？）二人，企圖在 1912 年 5 月上旬間，擊退日本人統治的政府，而黃朝想要自封為臺灣國王。黃朝原本是臨時工人，後來以乩童身分，以預言壯大其聲勢。此事件可溯及三十餘年前蘆竹後庄（斗六郡大埤庄轄內）的柯象。根據日人調查柯象，

〔註20〕臺灣總督府警務局編、蔡伯壎譯註，《臺灣總督府警察沿革誌第二編，領臺以後的治安狀況（上卷）III》，頁 222。

〔註21〕陳三井、秦孝儀，《國民革命與臺灣》（臺北：近代中國出版社，1980 年），頁9～10。

早年曾投靠抗日團體，回到鄉里後揚言稱「於深山得神旨，授吾人死後成人之命。」〔註22〕以乩童的身分自居，日夜奉祀玄天上帝，預言自己死後成為木乃伊，使其庄民畏懼將之祀於玄天上帝廟，當地信徒香火不斷。柯象死後十餘年，同庄之張老鐵自稱神明附體，橫行於庄內，形成一股龐大的信仰集團。1912年5月22日，黃朝自稱以虔誠之心，獲得玄天上帝之神助，有通天之力，並且授予黃朝在一百日後登基臺灣國王的神旨，並將玄天上帝廟命名為南天宮。不斷有新信徒加入，但仍有黨羽對其神通力抱持著質疑的態度，所以黃朝散播稱「不敬拜神，大地將陷，水火之災亦將接踵來襲，清兵百萬將至。」〔註23〕使其黨羽同志害怕其災禍之預言，而不敢隨便懷疑，以便達成團結組織成員之共同意識；對於日本政府來說，視其為荒唐無稽之謠言，被認為是迷信之殘害民眾。因受人密告巡查圓崎郡治率領巡查補、保甲幹部、壯丁團員前往黃老鉗住宅，黃朝等人被帶回派出所。黃朝等人乘機取得菜刀，砍殺巡查補未成，轉而攻擊圓崎巡查，圓崎後頭部受傷，黃朝隨即被制伏逮捕。〔註24〕至30日黃朝因腦震盪暴斃。〔註25〕其餘黨徒以《匪徒刑罰令》判以重罪。土庫事件顯示出，以其民間信仰作為基礎，靠著乩童的身分，預言顛覆政府。這個事件使官方不敢掉以輕心，但是管理民間信仰相關法令還是沒有一定的準則。

（四）其他抗日事件

另外幾起抗日事件，也是藉由占卜之徵狀，代表著領導者有神助之奇蹟，包括「李阿齊在臺南廳轄區之陰謀」、「匪徒襲擊臺中廳東勢角支廳事件」、「襲擊臺南廳六甲支廳轄內派出所事件」。

李阿齊（？～1914）自稱「其父在日本領臺後，因參與匪群，被我官憲殺戮，為報仇已在番地結合七、八百黨徒。」〔註26〕在1913年6月期間，開

〔註22〕 臺灣總督府警務局編、蔡伯壎譯註《臺灣總督府警察沿革誌第二編，領臺以後的治安狀況（上卷）III》，頁226。
〔註23〕 臺灣總督府警務局編、蔡伯壎譯註，《臺灣總督府警察沿革誌第二編，領臺以後的治安狀況（上卷）III》，頁226。
〔註24〕 臺灣總督府警務局編、蔡伯壎譯註，《臺灣總督府警察沿革誌第二編，領臺以後的治安狀況（上卷）III》，頁227～228。
〔註25〕 〈土庫事件顛末（六）〉，《臺灣日日新報》，1912年8月13日，版7。
〔註26〕 臺灣總督府警務局編、蔡伯壎譯註，《臺灣總督府警察沿革誌第二編，領臺以後的治安狀況（上卷）III》，頁236。

始大規模招募黨員，宣稱其居住地為靈仙之地，且有神童預言有靈劍占卜吉
凶禍福，並預言此地會湧出淡水及鹹水方便於炊事，舉兵同時，便認為神祐。
這些舉動也觸發了臺灣總督府的神經，認為危害治安，靠著警察與保甲制度，
偵查出真相，為迷信所構成的組織。

　　臺中廳東勢角支廳事件主謀者為苗栗三堡圳寮庄（今臺中市豐原區圳寮
里）之堪輿師賴來（？～1913）。賴來曾在 1912 年滯留過上海，身歷辛亥革
命成功之鼓舞，回到臺灣後，聚集組織成員，對內宣稱：「今年陰曆八月十五
日夜晚，適逢為月蝕之日，該日發動暴亂必能成功。」〔註 27〕以其觀天相之
卜數，加上本身是風水師的關係，強化其預言的信度，輔以觀天相來佐證，
達到號召目的。此次武力抗爭，攻破東勢角支廳，許多警察人員死亡。總督
府派遣軍警人員強力鎮壓，逮捕相關人士。

　　「襲擊臺南廳六甲支廳轄內派出所事件」首腦為嘉義廳店仔口支廳南勢
庄（今臺南縣白河鎮）居民羅嗅頭（？～1914）。羅嗅頭熟悉占卜之術，以神
示應登機為皇帝，藉迷信神託，吸引民眾加入，企圖推翻日本政府。他以 1914
年陰曆七月為良辰吉日，策劃揭竿襲擊六甲支廳，後為警察人員偵破，被軍
警人員強行鎮壓逮捕。〔註 28〕

（五）1915 年西來庵事件

　　漢人武裝抗日的最後一波為西來庵事件，此事件帶有宗教迷信色彩，也
是規模最大的抗日事件。首腦為余清芳（1879～1916）為臺南人，曾在 1899
年擔任臺南廳巡查補，後來因詐欺取財，1900 年 7 月被解職；1902 年再任鳳
山廳巡查補，於 1904 年辭職。後來在 1908 年曾加入秘密結社二十八宿會，
此秘密會社被巡查偵破，被下令解散。因為余清芳為無業之人，在 1909 年被
移送到臺東廳游民收容所，1911 年釋放回鄉後，先後從事保險業與碾米業，
後來開設齋堂招募信徒。他以西來庵為中心，吸引信眾前來加入，該廟主神
王爺降神旨稱：「日本佔有臺灣之期限為二十年，而大正四年為日本人應撤退
時期，屆時支那將派遣大軍來臺，故與之裏應外合蜂起暴動，則擊退日本人
絕非難事。且身為西來庵信徒，奉捐金錢齋戒並獲神符之授與者，立於戰場

〔註 27〕臺灣總督府警務局編、蔡伯壎譯註，《臺灣總督府警察沿革誌第二編，領臺以
　　　　後的治安狀況（上卷）III》，頁 252。
〔註 28〕臺灣總督府警務局編、蔡伯壎譯註，《臺灣總督府警察沿革誌第二編，領臺以
　　　　後的治安狀況（上卷）III》，頁 256～260。

亦不中彈。」〔註 29〕其降旨依靠著西來庵的乩童去降乩，以顯示其溝通神靈的本事，使民眾信服，以推翻日本政府，建立大明慈悲國。西來庵事件有其他領導人如羅俊（1855～1915），他是嘉義廳人，曾任教師後從醫，而且擔任過保甲局書記，最後還以堪輿為業，羅俊擅長於紫微斗數，以此之術來吸引群眾加入秘密信仰組織，宣稱：「再招聘知名之有法力和尚及紅髮姑，另攜來本人之紫微斗數簿冊。」〔註 30〕此事件後來被檢舉，臺灣總督府動用軍警人員和保甲組織，加以鎮壓。

從上述事件，可知許多抗日首領，均假借神託，以占卜方式宣示自己為天命之子，吸引群眾加入組織反抗政府，並建立個人的王國。這樣號召力猶如古代改朝換代之革命，天命之所趨勢，在 1907～1916 年期間武裝抗日者的傳統改朝換代特質為普遍的現象。〔註 31〕雖然總督府採取無方針狀態，面對民間宗教信仰更是採取溫存方式。但對於這些藉占卜宣示自己為天命所屬，號召推翻日本政府，日本官方採武力鎮壓方式，加以消滅，維持其政權的穩定。

西來庵事件也顯示靠民間信仰的組織力量，有著龐大的號召力，尤其這些領導者依靠占卜術，彰顯自己的正統性與神聖性，使民眾相信其神蹟。早期的舊慣溫存策略，一直把這些民間信仰組織的抗日行動，視為一般的抗日行為，而未探究其背後民間信仰之文化；在法律上也沒有制定相關管理辦法，一直到西來庵事件過後，臺灣總督府開始注意其深層的意涵，派員調查臺灣民間宗教文化，並訂定規範，方便管理民間宗教之習俗，展開大規模宗教調查，使官員了解臺灣民間宗教之情況，預防類似叛亂再發生。

二、官方面對慣習巫、術之態度

官方對於臺灣傳統文化，採取刻版印象的觀感，以迷信的觀點來解釋臺灣的占卜儀式，視為迷信的行為，是民眾開化程度的觀察指標，「卜筮為一種迷信的結果，與開化之進度成反比。」〔註 32〕從宗教調查報告書陸續的出版，以及違警例的建立，把一些抗日的行動都歸結於宗教迷信的蠱惑，「本島邪術

〔註 29〕臺灣總督府警務局編、蔡伯壎譯註，《臺灣總督府警察沿革誌第二編，領臺以後的治安狀況（上卷）III》，頁 263。
〔註 30〕臺灣總督府警務局編、蔡伯壎譯註，《臺灣總督府警察沿革誌第二編，領臺以後的治安狀況（上卷）III》，頁 266。
〔註 31〕王泰升，《台灣日治時期的法律改革》，頁 242～243。
〔註 32〕李坪，〈土人（指當地人）之占卜〉，《台灣慣習記事第壹卷上》，頁 130。

施行蠱惑愚民頗爲甚多，島民的迷信頗爲強盛還有其它法術的追求，其毒害之流、亂匪紛亂的源頭於此。」〔註33〕這種聚眾的儀式，引起臺灣總督府的注意，聚眾的行爲就是形成一個巨大的團體，對於統治者來說就是一種威脅，因爲很有可能會成爲叛亂的根源，尤其叛亂領導者有其奇異的能力，可以呼風喚雨，預言未來國家將亡，以新國家之稱取代之，以治療疾病的神力來作號召，以神女詹阿含之稱的叛亂組織，在1901年2月1日的情形：

> 二月一日夜，有匪大舉襲台中城，乘風放火於民家，即爲騷擾之報，……「稱爲神子之女匪」：台中縣下罩蘭庄，從來以奸究之叢，被人所知之地，日者又出稱爲神子之女匪，乃匪首詹阿瑞之妹阿含自爲首謀，嘯集其他囂頑之女子，企圖結隊剽掠近鄉，且揚言曰：「我等爲聖母神之子。一旦祈天瞬起風雷，禱地洪水立到，口誦咒文時，槍刃不能傷。」此等妄誕不經之舉，遂成甚爲迷信之土人歸依，致佈流言謂：台中城之變如大風煽火，正是出於天之證。〔註34〕

上述的抗日份子爲日本人所稱之匪徒，在日人調查報告書中，幾乎由無業者與從事巫覡、術士爲主，被稱作浮浪者，這些無業者宣稱有通神與占卜的本領，成爲鄉里間溝通鬼神的重要人物，甚至爲領導民間信仰的領袖。這些民間秘密組織，因領導者的占卜預言，吸引大批群眾加入，尤其這些領導者擁有特殊的卜術能力，向上天祈求神力，能使天氣風雲變色，信徒們能刀槍不入。以神蹟來鼓舞組織成員來抵抗日本的統治，伊能嘉矩把這種情況追溯爲人民原鄉迷信性質之緣故。〔註35〕

　　在1902年抗日游擊隊未消滅前，臺灣總督府還不太關心非政治性的一般犯罪，但在1903年臺灣總督府解決完「匪徒」問題，如何有效壓制臺灣社會一般性犯罪，成爲總督府施政的首要任務。〔註36〕爲了預防犯罪蔓延，特別是浮浪者向來是犯罪高危險群，成爲臺灣治安潛在的亂源，考量維持社會穩定，在無任何法條根據下，警察當局要求浮浪者須保證改過向善且立刻從事正當職業，若依然無業須聽從政府強制就業措施。〔註37〕臺灣總督府在1906年制定「臺灣浮浪者取締規則」，依照規則：「無一定之住居所，且無固定職

〔註33〕椿木義一，《臺灣大觀》（大阪：大阪屋號書店，1923年），頁264。
〔註34〕伊能嘉矩，〈迷信之勢力及影響〉，《台灣慣習記事第壹卷上》，頁116。
〔註35〕伊能嘉矩，〈迷信之勢力及影響〉，頁116。
〔註36〕王泰升，《台灣日治時期的法律改革》，頁260。
〔註37〕王泰升，《台灣日治時期的法律改革》，頁261。

業，而有妨害公安、擾亂風俗之虞者」，將被戒告須有固定居住所及就業，如不改其行狀者，則將被送往固定居所強制就業。〔註38〕可見政府處理浮浪者的態度是漸趨積極，杜絕犯罪的可能因子。

曾有日本官員詢問當地士紳，為何官舍常常遭天災與蕃害的騷擾：

> 但進一步研究其迷信之程度時，更為有趣事。去年颱風之際，管轄內大湖撫墾支署之廳舍及宿舍過半毀破，其時正值蕃害最以頻繁之秋，本人為了視察實況，乃有大湖之行。投下一萬元以上所築成之大湖撫墾署房屋。已崩毀，看其留下荒涼慘景，令人有無限之感嘆。當時召集地方士紳，在種種談話中作戲言間曰，如今官舍遭天災而崩毀連年蕃害又頻繁，是否有神靈作祟。此言一出，士紳對答曰，全無疑。此時始知在撫墾署跡之東側有一顆大樹，在其樹下有二、三小切石。此極為大湖地方鎮守蕃山之神。然撫墾署當時因某種需要而在其社前方有不淨（廁所）之設，地方人士出面陳述苦情，因其在官有地內，故不被採納，遂有如此災厄。吾聞此話後立命令除去其不淨物，於是地方百姓有如狂歡躍喜，乃臨時舉行祭典、演戲等幾乎繼續一個月。又為答禮而動員村民數百人相率向蕃界各方面開拓道路。其信心之強而有力，實令人震驚。〔註39〕

臺灣民間相信的情形，讓日人感到不可思議，對於臺灣民眾迷信的觀感更加強，認為這種迷信與「黑死病」一樣傳染力極強，而且是一種極可怕的魔術，認為這種魔術裡藏著反亂的意義在，甚至比擬作黃巾之亂、清朝義和團之亂的可怕。〔註40〕這位家永泰吉郎的官員認為：「此『黑死病』軍之指揮官多數為讀書人。故讀書人平常在不平狀態時，此種「黑死病」之傳染就愈快速傳播。」〔註41〕這樣的比喻，認為讀書人利用迷信的大眾，成為反叛力量的主要淵源，更是一種認為迷信的習性，會讓國家產生動亂的可怕病徵。

這些迷信的觀念，常常是抗日組織為此利用號召，日本官方人員就觀察到此點：「自古以來在臺灣本島偶爾有喜歡凶險惡亂之徒，其奸惡之徒肆虐，

〔註38〕李崇僖，〈日本時代台灣警察制度之研究〉，國立臺灣大學法律研究所碩士論文，1996年6月，頁138～139。

〔註39〕家永泰吉郎，〈有關中國人所見之一、二〉，《臺灣慣習記事第參卷上》，頁166。

〔註40〕家永泰吉郎，〈有關中國人所見之一、二〉，頁166。

〔註41〕家永泰吉郎，〈有關中國人所見之一、二〉，頁166。

必定常利用此迷信行為，煽動愚昧的民眾。」〔註 42〕甚至把迷信的習俗，歸咎於臺灣移民的原鄉地，而造就臺灣迷信風潮的產生，利用這些迷信的觀念，往往也是從事於問神降佛等占卜性職業的巫覡、術士，以操弄其妄譚奇語聳動民眾的心理，達到滿足自己的野心來顛覆國家的手段。

　　另外，官方的角度把迷信的民眾，當作是一種精神疾病的考量，以官能精神疾病來判斷迷信的病徵，而官能精神病係因對官能異常的刺激，致發精神發生疾病的作用：

> 台北大龍峒有王老旺（三十四歲），資性橫惡，曾犯竊盜罪，繫獄期滿被釋放，仍不改惡習。目前進入駐錫龍山下臨濟宗護國寺的梅山和尚房中，竊取時鐘，賣至大稻埕；其後，聽聞和尚碩德高深，尤其是通咒縛之法，每能洞悉別人之秘密，王老旺乃禁不住恐懼，打算遠離台北，隱藏其行跡。七月二十日，早起，背著行李，走向三張犁方面。奇怪！雖走了數千步，卻一點也走不出大稻埕街外，走著走著，忽然又繞回舊路。王老旺認為這是因中了縛足咒所致，故恐懼益深、迷惘愈甚，最後至派出所就捕。此正是因先天迷信所致，係一種官能精神病。向來台灣盛行著荒誕神秘的迷信，流傳畫符得以殺人、作法得以復活等邪說，且稱到其靈驗，可能即利用此官能精神病吧。此正是因先天的迷信所致，係一種官能精神病。向來臺灣盛行荒誕神秘的迷信，流傳畫符得以殺人、作法得以復活等邪說，且稱道其靈驗，可能即利用此官能精神病吧。〔註 43〕

官方認定那些神秘的占卜儀式，如畫符害人、使人復活等神奇儀式，就是一種先天迷信疾病所致，所以跟精神疾病的連結就變得理所當然，甚至把相信此迷信法術的民眾，歸結為精神官能症的証明。

　　有民眾投稿報社，指出臺灣習俗的優缺點，供給政府施政的參考，並勸導民眾改良不好的風俗，保存良好的習俗。認為：「惡俗之四也，迷信巫言，妄希神庇者。」〔註 44〕

　　可知，臺灣總督府還沒有制定相關管理巫覡的相關法令，在統治初期以

〔註 42〕塘翠生，〈臺灣に於ける迷信の利用と叛亂〉，《臺灣時報》，1914 年 11 月，頁 32。

〔註 43〕臺灣慣習研究會著、臺灣省文獻委員會譯編，〈臺灣人官能精神病之一例〉，《臺灣慣習記事第參卷下》，頁 90～91。

〔註 44〕許紫鏡，〈臺灣習俗美醜十則〉，《臺灣日日新報》，1905 年 7 月 2 日，版 4。

容忍舊俗,由廳採取無方針來處理,還沒有一套管理的法令。再者官方對於這些術士通常以刻版印象待之,以為:「稱作術師者為,根基於陰陽五行之說占斷人之命運與人事各種之吉凶的命運師,占卜方位如何家相如何之占師,那麼判斷夢之吉凶夢判斷之類者,總稱為占斷者。由來迷信最深之本島人,對於此等術師之行為,無論如何是忍不住噴飯極為愚劣之事。他們是以多大的信仰認為人事各種事物應如此,決定自己的命運絲毫不懷疑此事。」〔註45〕官方向來以無稽視之,認為人民對每件事的預卜都毫不懷疑,官方視為野蠻不文明的迷信,會產生風教弊害,愚弄民眾之嫌,期望有所改進。

臺灣總督府為了改善臺灣的環境衛生,預防熱帶傳染病的發生,派遣大量警察作為監督者,按照時間限定改善臺灣各地區的環境衛生,但是當時有其臺灣民眾認為在三煞日變動環境,會有不祥之兆,星師認為有一位三歲兒童會有貴人之相,因為牽動環境之故,竟暴斃,這樣的情形在報紙上的記載:

> 社仔庄後港墘此次清潔,因有陳某屋最污穢,警官以之為清潔模範家屋。先著手掃除之,其家本有飼豚十數頭,陳謂是日適三煞日,恐驚動不祥。警官責其迷信,不聽,乃掃除畢,群豚皆病死,一子甫三歲,星者許其有貴相,亦暴殞。一時無知村民,竟皆謂煞日所致,謂警官不能俯順輿情,其智識抑何卑也。〔註46〕

這樣不祥之連結,使民眾更為相信三煞日的弊害,並且認為官方沒有體恤民情,而造成此悲劇。面對民眾的迷信,警官認為應該加強民眾的教育,不應該因迷信而恐慌。

對於民眾對巫覡的依賴,甚至「信巫不信醫」,因而被視為是有違社會安全,須加以取締。對於迷信的取締,「有人主張此等取締法宜發布全臺劃一的取締規則」〔註47〕由於各地方取締規則不一,寬嚴不一,成效有限,因而有全臺灣劃一取締規則的議論,此為官方放任無方針主義代表的具體表現。

又,臺灣民眾對於墳墓風水的重視,這種風俗在官方的眼中,也被認為是迷信的一種,且會影響公共衛生,據中港(今苗栗縣竹南鎮中港里)的木村公醫報告:

〔註45〕浮甲山人,〈臺灣の巫覡(續第六十三號)──鄉土的研究の一資〉,《臺灣時報》,1915 年 2 月,頁 23。

〔註46〕不著撰人,〈迷信機祥〉,《臺灣日日新報》,1910 年 5 月 7 日,版 5。

〔註47〕臺灣慣習研究會編、臺灣省文獻委員會譯編,《臺灣慣習記事第參卷上》,頁 161。

現據中港的木村公醫報告，本年一月中一位因腦溢血而死亡者之家屬，因迷信風水之說而至今未埋葬，雖屢加勸導仍冥頑不聽，非到陰曆九月不肯出葬。像這樣的例子在全台很平常，絕非特例，如此長久地將屍體置於室內時，腐化的瓦斯氣充滿室內，致於惡臭而無法靠近，危害衛生之處不少。在歐洲，屍體常置於特別的車輛中，並於數小時之內送至墓地附近的屍舍（殯儀館），日本亦大致於二十四小時左右即出殯。據普利克之檢查，屍體的軟部因存在消化器官中的分裂細菌之作用，而產生發臭性腐化，出現綿蟲類而饞食屍體，遂因線狀細菌的繁殖促使殘餘的有機質腐化。當筋肉腐爛時，仍產生屍毒（ptomain），各種屍毒於人死後數小時即產生，最嚴重在約七日之際。然而，臺灣得棺材係木製，其蓋雖密封，但因木質纖維的透氣性而與外面空氣相交流，接受氧氣的供給，屍體的腐化更加迅速，由屍體流出的液體貯留在棺底，由木質纖維間不斷地向外滲透，腐化的瓦斯氣溢出而混在空氣中，汙染室內之空氣，而至於產生一種惡臭。而台灣人的房屋常因空氣缺乏流通致充滿霉氣，因無日光射入，故本就有令人不舒服的異臭，隨之臺灣人對屍體的臭氣並未特別感到不舒服，惟在不知不覺中已受到毒害，自不待言。〔註48〕

　　官方為了公共衛生的考量，而把這種習俗認為是陋俗，需要改善的地方，官方對於傳統習俗通常都採取舊慣溫存的方式，各別廳有些有制定管理規則，有些則無。官方觀察到臺灣舊有習俗的觀念：「無奈臺灣人的舊迷信頗為頑固，此時制定完備的管理規則在公共衛生上極有必要，當然有些廳已制定有關規程，惟事實上其陋俗尚未完全革除乃不時可見。」〔註49〕官方對於臺灣占卜文化的判斷，第一種認為是社會動亂的根源，第二種認為是官能精神疾病的徵狀，第三種為危害公共衛生的陋習，大致上來說都因迷信而起。只要有違社會安全之虞慮，就需要取締之行動；反之，不危害社會安全，通常按照無方針主義作為準則。

〔註48〕　臺灣慣習研究會著、臺灣省文獻委員會譯編，〈關於台灣人之陋習〉，《臺灣慣習記事第參卷下》，頁156～157。

〔註49〕　臺灣慣習研究會著、臺灣省文獻委員會譯編，〈關於臺灣人之陋習〉，《台灣慣習記事第參卷下》，頁157。

　　臺灣總督府的態度以迷信的刻版印象，概括民間傳統的占卜文化，認為是未開化的象徵。這種占卜的文化，被異族統治冠上偏見，甚至認為是野蠻的象徵。更重要的一點，官方視這些從事占卜相關職業者，認為是不正當職業，恐有違害社會秩序，視其為浮浪者，加以規定強制就業。臺灣總督府從原本非常重視對抗日組織嚴加取締鎮壓，逐漸轉往對於一般性社會秩序犯罪案件之重視，可了解臺灣總督府對社會控制力的增強，在1903～1909年形成一股犯罪控制體系，由警察和保甲系統互相搭配，深入人民日常生活。〔註50〕可是由來已久的占卜儀式，不是政府公權力說禁止就能徹底割捨掉的部份，臺灣占卜展現出一種根深蒂固的習俗，更是一種生活的樣態。

第二節　調查整備時期（1916～1936）

　　調查整備時期為臺灣社會進入穩定的階段，各項調查報告給予政府施政參考，1920年代以後臺灣社會經濟急速發展，臺灣人的抵抗轉為活潑的民族運動、文化運動、社會運動。〔註51〕1919年第一任文官總督田健治郎（1855～1930），實施新的殖民政策，加上大正民族潮的因素，臺灣總督府同意採漸進式內地法律延長主義。〔註52〕臺灣總督府著重於法治國家體制的建立，制定管理宗教相關法令，提倡教育普及化、衛生清潔觀念的建立，期許臺灣邁入現代化進程。臺灣總督府在於1908年頒佈「臺灣違警例」，對從事占卜事業的人，造成很大的打擊。其中幾個條文，顯示臺灣總督府想改善迷信的思維：「第17號不許妄說吉凶禍福」。「第64號妄禰禁厭祈禱符咒或托禰給授神符神水以臨病家者大有礙於醫治應行嚴禁。」〔註53〕違反者處以拘留或罰款。以上兩條規定的限制，讓巫術者無法以占卜為職，加上巫覡幫人治病被認為違背現代醫學因而加以禁止，而且乩童祈禱儀式中常有傷害自身，所以在「第65號規定禁止為了祭典祈禱之故傷害自己的身體」〔註54〕，但是各廳存在法令處罰嚴厲與寬鬆之差異。在1918年臺灣違警例又改定一次，主要改變是違

〔註50〕王泰升，《台灣日治時期的法律改革》，頁264～265。

〔註51〕張國興，〈日本殖民統治時代臺灣社會的變化（1895～1945年）〉，收入張炎憲主編《臺灣史論文精選（下）》（臺北：玉山社出版事業股份有限公司，1997年），頁62～63。

〔註52〕王泰升，《台灣日治時期的法律改革》，頁108～109。

〔註53〕不著撰人，〈府報抄譯〉，《漢文臺灣日日新報》，1908年10月8日，版3。

〔註54〕不著撰人，〈府報抄譯〉，《漢文臺灣日日新報》，1908年10月8日，版3。

警例第一條第八十九號罰則不明確，修改爲拘留十五日以下或是十日以下易科罰金；其規範也有些許的改變：「第 17 號禁止妄説吉凶禍福或是加持、祈禱、符咒等或授與護身符之類迷惑他人等。」「第 77 號妄福禁厭祈禱符咒或托福給授神符神水以臨病家者大有礙於醫治應行嚴禁。」「第 78 號禁止濫用催眠術。第 79 號規定禁止爲了祭典祈禱之故傷害自己的身體」〔註55〕第 17 號條文增加了儀式等行爲，加強禁止巫覡術士亂用占卜等儀式，使民眾迷惑於此類活動，原本第 64 號禁止妨礙醫療之祈禱符咒神水等變更爲第 77 號，以及原本第 65 號禁止因祭典祈禱之故傷害自己的身體變更爲第 79 號，多增加第 78 號尤其催眠術的禁用，此催眠術包含乩童、尪姨等神降、靈降等之行爲，有違於迷信之原因，故爲禁止。至於 1935 年的臺灣違警例改正，第一條第 1 號至第 122 號大體上維持適用。〔註56〕上述法令的規範隨著時間推移，基本上可瞭解日本處理臺灣的舊有民俗，尤其巫覡、術士相關活動，都依照法令來取締。

　　1915 年之後，陸續有慣習調查的報告出現，派遣學者調查臺灣的制度法律、地理環境、風俗民情等，希望能了解到臺灣人舊有習慣的情形，甚至更進一步瞭解臺灣人宗教精神的背後要素，這些舉動目的是爲了方便統制臺灣，其中《臺灣宗教調查報告書》就調查出有關於臺灣人迷信的一些原因：

　　　　奸惡之徒利用迷信的愚民，蠱惑煽動他們，被視爲國家社會的毒流，
　　　　台灣人對民曆對下欄宜納采宜灶作等，作擇吉日避禁忌作爲日常生
　　　　活的依規，而且台灣人對鬼及風水的迷信頗爲強烈，受到迷信的牽
　　　　制束縛……凡是有害於社會國家的治安風教要有限制，迷信的地方
　　　　要有所嗤笑、輕悔、排斥它，姑且其風俗是有存在的必要，可以必
　　　　要善化的利用……國民教育讓人民向上提升，不受迷信所因，爲政
　　　　者應該要留意之處。〔註57〕

　　從調查報告書上，學者指出臺灣人迷信的原因，對於農民曆選吉日、禁忌的遵守，以及鬼神崇拜、風水學的重視，都被視爲迷信，不過也指出好的風俗是可以保存利用，更重要的是提出國民教育可以改善迷信的思維，教育

〔註55〕臺灣總督府警務局著、吳密察編，《臺灣總督府警察沿革誌（司法警察及犯罪即決の変遷史）》（臺北：南天出版社，1933～1942 年），頁 277～280。

〔註56〕臺灣總督府警務局著、吳密察編，《臺灣總督府警察沿革誌（司法警察及犯罪即決の変遷史）》，頁 283～284。

〔註57〕臺灣總督府，《臺灣宗教調查報告書第一卷》，頁 2～6。

成擁有現代化知識的國民。這些調查報告的建議，也提供臺灣總督府施政的參考，也因爲調查報告專業知識的評斷下，使總督府對於巫覡術士占卜文化，更視爲迷信的眼中釘。但是社會底層對於占卜文化的依賴，不是一紙禁令就立即消失殆盡，臺灣民間的活動還是持續著，在 1911 年還出現「瞽者狡詐」的社會案件。1911 年嘉義廳斗六街（今雲林縣斗六市）一位瞎眼的算命師林波，能占人運勢，詐人錢財的案件，最後移送到法院究辦。〔註 58〕從上面社會案件的發生，可以說明占卜化文化在政策限制下，還是有其活動的空間。

一、巫覡術士職業人口變化

雖然違警例打擊了巫覡爲職業的人，但 1918 年的調查，以巫覡爲業有 1,716 人，其中乩童佔了 1,114 名，〔註 59〕禁令頒佈使乩童的人數減少，但以占卜爲業的人，還是不斷的開業；官方則認爲民間風俗的迷信是很難改變的，由於當時臺灣民眾對於占卜仍有一定的需求。因此，即使政府強制力管制，改變風俗不是一蹴可及。以下爲臺灣（含澎湖）從事巫覡與術士職業人口調查表，可以了解全臺從事這些相關職業人口空間分布情形。

表 2-2-1：1918 年 3 月末巫覡人口調查表

巫覡						
支廳名 \ 種別		法師	童乩	女巫	雜	總計
臺北廳	直轄	3	16	2	0	21
	錫口	1	8	0	0	9
	枋橋	0	11	1	0	12
	新庄	4	14	0	0	18
	士林	6	24	0	0	30
	淡水	14	39	1	7	61
	金包里	2	34	0	0	36
	水返腳	0	15	0	0	15
	基隆	0	23	0	0	23

〔註 58〕 不著撰人，〈雜報〉，《漢文臺灣日日新報》，1911 年 10 月 12 日，版 3。
〔註 59〕 臺灣總督府，《臺灣宗教調查報告書第一卷》，頁 60～63。

	頂雙溪	1	43	0	0	44
	深坑	0	8	0	0	8
	新店	0	6	1	1	8
	計	31	241	5	8	285
宜蘭廳	直轄	0	19	2	0	21
	叭哩沙	0	0	0	0	0
	羅東	5	36	0	0	41
	頭圍	0	8	0	0	8
	坪林尾	0	2	0	0	2
	計	5	65	2	0	72
桃園廳	直轄	0	3	0	0	3
	中壢	0	6	0	1	7
	大嵙崁	0	3	0	0	3
	三角湧	0	0	0	0	0
	楊梅壢	0	4	0	0	4
	咸菜硼	0	11	0	0	11
	計	0	27	0	1	28
新竹廳	直轄	0	14	0	0	14
	北埔	0	13	1	0	14
	樹杞林	0	7	0	2	9
	新埔	0	7	0	0	7
	頭份	1	17	1	0	19
	南庄	0	3	0	0	3
	苗栗	0	35	2	0	37
	通霄	0	17	0	0	17
	三叉河	0	0	0	0	0
	大湖	0	3	0	0	3
	計	1	116	4	2	123
臺中廳	直轄	1	10	1	1	13
	東勢角	0	2	0	0	2
	葫蘆墩	0	9	1	0	10
	大甲	15	20	0	3	38

	沙轆	10	37	0	0	47
	彰化	7	54	0	1	62
	鹿港	18	42	0	0	60
	員林	1	8	1	0	10
	北斗	1	11	0	0	12
	二林	19	24	0	0	43
	計	72	217	3	5	297
南投廳	直轄	1	8	0	0	9
	草鞋墩	0	2	0	0	2
	埔里社	0	2	0	0	2
	集集	0	7	1	0	8
	林杞埔	5	25	0	0	30
	計	6	44	1	0	51
嘉義廳	直轄	4	13	0	0	17
	中埔	0	0	0	0	0
	竹頭崎	0	4	0	0	4
	打貓	0	5	0	0	5
	土庫	0	0	0	0	0
	斗六	6	6	0	0	12
	西螺	0	0	0	0	0
	北港	0	32	0	1	33
	樸仔腳	2	10	1	6	19
	東石港	8	54	2	0	64
	鹽水港	2	10	0	0	12
	店仔口	0	30	1	0	31
	計	22	164	4	7	197
臺南廳	直轄	9	22	4	0	35
	灣裡	0	0	0	0	0
	蔴荳	11	11	0	0	22
	蕭壠	0	0	0	0	0
	北門嶼	0	63	1	0	64
	六甲	8	11	0	0	19

	噍吧哖	12	17	0	0	29
	大目降	0	0	0	0	0
	關帝廟	20	13	1	0	34
	阿公店	3	20	0	0	23
	楠梓坑	0	0	0	0	0
	打狗	0	0	0	0	0
	鳳山	0	1	0	0	1
	計	63	157	6	0	226
阿緱廳	直轄	1	5	0	0	6
	阿里港	1	8	2	0	11
	甲仙埔	0	0	0	0	0
	六龜里	0	0	0	0	0
	蕃薯藔	8	17	0	0	25
	潮州	5	5	0	0	10
	東港	6	2	1	0	9
	枋藔	0	0	0	0	0
	枋山	0	0	0	0	0
	恆春	1	2	1	1	5
	計	22	39	4	1	66
臺東廳	直轄	1	1	0	0	2
	里壠	1	5	0	0	6
	巴塱衛	0	0	0	0	0
	成廣澳	0	6	0	0	6
	計	2	12	0	0	14
花蓮港廳	直轄	1	2	0	0	3
	鳳林	1	2	0	0	3
	玉里	0	20	0	0	20
	計	2	24	0	0	26
澎湖廳	直轄	252	3	16	0	271
	網按	16	5	39	0	60
	計	268	8	55	0	331

臺灣各廳總計	廳名＼種別	法師	童乩	女巫	雜	總計
	臺北	31	241	5	8	285
	宜蘭	5	65	2	0	72
	桃園	0	27	0	1	28
	新竹	1	116	4	2	123
	臺中	72	217	3	5	297
	南投	6	44	1	0	51
	嘉義	22	164	4	7	197
	臺南	63	157	6	0	226
	阿緱	22	39	4	1	66
	臺東	2	12	0	0	14
	花蓮港	2	24	0	0	26
	澎湖	268	8	55	0	331
	計	494	1114	84	24	1716

資料來源：《臺灣宗教調查報告書第一卷》，頁 60～63。

表 2-2-2：1918 年 3 月末術士人口調查表

		術士						
支廳名＼種別		日師	算命師	地理師	相命師	卜卦師	以上兼業者	總計
臺北廳	直轄	0	4	12	3	37	5	61
	錫口	0	0	9	0	8	0	17
	枋橋	1	1	9	0	3	5	19
	新庄	0	2	10	0	2	0	15
	士林	0	1	7	0	6	2	16
	淡水	1	0	8	0	6	7	22
	金包里	3	0	1	0	1	0	6
	水返腳	0	3	9	0	5	0	17
	基隆	3	0	6	0	9	1	19
	頂雙溪	2	1	6	0	2	9	20

	深坑	0	0	3	0	3	0	6
	新店	0	0	8	0	13	0	21
	計	10	12	88	3	95	31	239
宜蘭廳	直轄	0	1	1	0	0	4	6
	叭哩沙	0	0	0	0	0	0	0
	羅東	0	0	3	0	0	7	10
	頭圍	0	0	0	0	0	0	0
	坪林尾	0	0	0	0	0	0	0
	計	0	1	4	0	0	11	16
桃園廳	直轄	0	1	4	0	5	7	17
	中壢	0	0	4	0	0	15	19
	大嵙崁	0	9	2	0	1	13	25
	三角湧	0	0	3	0	3	5	11
	楊梅壢	1	0	1	0	0	5	7
	咸菜硼	0	0	6	0	0	1	7
	計	1	10	20	0	9	46	86
新竹廳	直轄	0	4	9	0	5	1	19
	北埔	0	4	14	3	4	7	32
	樹杞林	0	1	1	0	0	31	33
	新埔	3	11	14	0	2	10	40
	頭份	0	2	10	0	5	4	21
	南庄	1	2	0	0	1	4	8
	苗栗	0	14	12	0	3	25	54
	通霄	1	4	7	0	1	9	22
	三叉河	1	7	0	1	1	6	16
	大湖	0	0	3	0	1	1	5
	計	6	49	70	4	23	98	250
臺中廳	直轄	1	1	5	0	2	5	14
	東勢角	5	3	14	0	1	5	28
	葫蘆墩	0	4	12	0	0	12	28
	大甲	0	0	8	0	2	12	22
	沙轆	0	1	8	0	2	8	19

	彰化	0	5	12	0	1	3	21
	鹿港	0	1	8	1	8	5	23
	員林	0	5	7	1	1	5	19
	北斗	0	1	2	0	1	6	10
	二林	0	2	3	0	0	1	6
	計	6	23	79	2	18	62	190
南投廳	直轄	3	4	7	0	3	9	26
	草鞋墩	1	3	2	0	3	10	19
	埔里社	0	0	4	2	1	2	9
	集集	0	0	2	0	1	0	3
	林圯埔	1	0	3	1	4	8	17
	計	5	7	18	3	12	29	74
嘉義廳	直轄	0	0	2	1	5	0	8
	中埔	0	0	0	0	0	0	0
	竹頭崎	0	0	0	0	0	0	0
	打貓	0	0	0	5	0	1	6
	土庫	0	0	0	0	0	0	0
	斗六	0	0	0	0	0	0	0
	西螺	0	2	2	0	0	0	4
	北港	0	7	0	0	9	9	25
	樸仔腳	0	3	1	2	0	0	6
	東石港	0	1	0	0	3	0	4
	鹽水港	2	4	2	0	1	0	9
	店仔口	0	0	0	0	0	0	0
	計	2	17	7	8	18	10	62
臺南廳	直轄	5	14	13	3	21	0	56
	灣裡	0	0	0	0	0	0	0
	蔴荳	0	0	0	0	0	0	0
	蕭壠	0	0	0	0	0	0	0
	北門嶼	3	5	4	0	2	0	14
	六甲	0	3	2	0	0	0	5
	噍吧哖	0	0	3	0	0	0	3

	大目降	0	0	0	0	0	0	0
	關帝廟	1	2	1	1	1	0	6
	阿公店	0	0	0	0	0	0	0
	楠梓坑	0	0	0	0	0	0	0
	打狗	0	0	0	0	0	0	0
	鳳山	0	0	4	0	0	0	4
	計	9	24	27	4	24	0	88
阿緱廳	直轄	0	0	0	0	2	5	7
	阿里港	1	0	2	1	0	3	7
	甲仙埔	0	1	2	0	0	1	4
	六龜里	0	0	0	0	0	0	0
	蕃薯藔	1	1	3	0	1	2	8
	潮州	1	1	4	0	0	3	9
	東港	0	2	3	0	1	2	8
	枋藔	0	0	0	0	0	0	0
	枋山	0	0	0	0	0	0	0
	恆春	0	0	2	0	0	0	2
	計	3	5	16	1	4	16	45
臺東廳	直轄	0	0	0	0	0	0	0
	里壠	0	0	1	0	0	1	2
	巴塑衛	0	0	0	0	0	0	0
	成廣澳	0	0	0	0	0	0	0
	計	0	0	1	0	0	1	2
花蓮港廳	直轄	0	0	0	0	0	0	0
	鳳林	0	0	0	0	0	0	0
	玉里	0	0	0	0	0	0	0
	計	0	0	0	0	0	0	0
澎湖廳	直轄	1	1	2	1	0	1	6
	網按	0	0	0	0	0	0	0
	計	1	1	2	1	0	1	6

種別 廳名		日師	算命師	地理師	相命師	卜卦師	以上兼業者	總計
臺灣各廳總計	臺北	10	12	88	3	95	31	239
	宜蘭	0	1	4	0	0	11	16
	桃園	1	10	20	0	9	46	86
	新竹	6	49	70	4	23	98	250
	臺中	6	23	79	2	18	62	190
	南投	5	7	18	3	12	29	74
	嘉義	2	17	7	8	18	10	62
	臺南	9	24	27	4	24	0	88
	阿緱	3	5	16	1	4	16	45
	臺東	0	0	1	0	0	1	2
	花蓮港	0	0	0	0	0	0	0
	澎湖	1	1	2	1	0	1	6
	計	43	149	332	26	203	305	1058

資料來源:《臺灣宗教調查報告書第一卷》,頁63~67。

　　以上資料是警察與公學校教師調查所得。顯示以巫覡職業為例,乩童在臺灣來說為佔大多數的巫覡職業,全臺灣乩童人口數為1,114人,總合所有巫覡職業(包含乩童、法師、女巫、雜業等)在全臺灣為1,716人。巫覡人數超過100人以上之各廳,分別為臺北廳285人、新竹廳123人、臺中廳297人、嘉義廳197人、臺南廳226人這五廳為主,幾乎為當時主要人口數多之城市代表,分別各占全臺灣巫覡總人口數約16.6%、7.2%、17.3%、11.5%、13.2%。根據《第二次臨時臺灣戶口調查集計原表(地方之部)》,上述五廳的總人口數分別是,臺北廳523,502人、新竹廳327,164人、臺中廳592,577人、嘉義廳566,158人、臺南廳569,292人,全臺灣總人口數(包含澎湖廳)3,479,922人。〔註60〕按照巫覡總人口數比例占全臺灣總人口數約0.049%,臺北廳巫覡人口數占臺北廳總人口數約0.054%,新竹廳巫覡人口數占新竹廳總人口數約0.038%,臺中廳巫覡人口數占臺中廳總人口數約0.05%,嘉義廳巫覡人口數

〔註60〕　臺灣總督官房臨時戶口調查部,《第二次臨時臺灣戶口調查集計原表(地方之部)》(臺北:臺灣總督官房臨時戶口調查部,1917年),頁4~329。

占嘉義廳總人口數約 0.035%，臺南廳巫覡人口數占臺南廳總人口數約 0.04
%。此外，澎湖廳巫覡人口數為 331 人，乩童數占 268 人，有別於臺灣本島
的特例，代表澎湖廳當地民眾巫風盛行，尤其乩童數多，當地民眾仰賴乩童
特別密切。術士職業調查表，其中以地理師為佔術士大多數之比例，地理師
在全臺人口數為 332 人，另外以上兼業者佔全臺人口數為 305 人，位於術士
總人口排行第二，此兼業者不只單有一項術士職業身分，如擁有地理師與算
命師之身分，可以想見以術士之身分可以身兼多職為導向，總合術士職業者
（包含日師、算命師、地理師、相命師、卜卦師、兼業者等）之總人口數為
1,058 人。而以術士職業超過 100 以上人口主要分布的各廳，分別為臺北廳 239
人、新竹廳 250 人、臺中廳 190 人這三廳為主，分別各占全臺灣術士總人口
數約 22.6%、23.6%、18%。全臺灣術士總人口數占全臺灣總人口數約 0.03
%，臺北廳術士人口數占臺北廳總人口數約 0.046%，新竹廳術士人口數占新
竹廳總人口數約 0.076%，臺中廳術士人口數占臺中廳總人口數約 0.032%。
總歸納出廳人口數越多，其需求為越高，代表著城市化程度越高，巫覡術士
職業越有大眾化功能的取向，其中這兩種職業人口數的共同點為臺北、新竹、
臺中這三廳為當時人口數眾多為代表，巫覡、術士需求量大，因此佔巫覡、
術士職業比例當中為最大多數。

二、對巫覡之觀點

　　由於一些抗日的行動都歸結於宗教迷信的蠱惑，「本島邪術施行蠱惑愚民
頗為甚多，島民的迷信頗為強盛還有其它法術的追求，其毒害之流、亂匪紛
亂的源頭於此。」〔註 61〕另外伊能嘉矩《臺灣文化志》對於臺灣的巫覡有一
些看法:「該憑靈者，如雖然目不識丁，亦能善書詩文；完全無教育之素養而
會談神秘之教義等，一直被認為值得注目驚異之事，蓋似為一種變態心理即
由人格變換之惹起，而利用某種潛在意識之再現者也。」〔註 62〕迷信產生歸
因為當時臺灣人民普遍教育水準低落，沒有科學教育的精神；視知識貧乏、
無現代教育的巫覡，竟說出神祕的卜噬，視為精神疾病的表現。總督府應以
教育的方式，改善人民迷信的觀感。可見，臺灣總督府以現代知識文明自居，
視臺灣傳統的文化習俗為迷信、野蠻的形像。因此要以教育，把文明進步的

〔註 61〕椿木義一，《臺灣大觀》（臺北：成文出版社，1985 年），頁 264。
〔註 62〕伊能嘉矩，《臺灣文化志》，中卷，頁 253。

觀念帶入，改變臺灣人內在的思維。

宗教調查與官方的批判，也引起民眾的關心而投書：「臺灣乩童，壞風紀，毒人心，貽害胡底，王君論鬼神，劇談斯害，以戒世人，善哉此論，直不啻為世人當頭一棒耳。……今乩童滿口喃喃，迷信者曰，是神言也，是神教也，鬼神既無形與聲，何以能言若是，是其非鬼神也。」〔註63〕民眾投書成為官方的風向球，加上宗教調查認為禁止這些巫覡術士的規範，應該從報紙上宣傳政策與教育開始。政府以乩童：「傷害自己的身體，唆使愚民之迷信，紊亂風俗，甚為危害公安。」〔註64〕而按照違警例之判斷，加以懲處。

臺灣在宗教調查當中，以《臺灣民族性百談》中，論及到巫覡對於臺灣民眾有何影響性，其中乩童的影響性，就被認為是破壞社會風氣之負面評斷：

> 在臺灣稱作童乩或是乩童，在大眾面前，一邊執行著無法視之殘忍的行業，到處傳播謠言妄語，破壞風俗者自居，甚極迷信鼓吹，依照明治四十一年府令第五十九號，施行臺灣違警令之際，此為禁止之事。雖然在哪裡的一角，可以看到根深蒂固潛藏之中。〔註65〕

臺灣乩童被認為是根深蒂固的民族性，以法令禁止，結果反而轉往地下活動，潛藏於各個地方社會，深受民眾所相信，巫覡與民眾形成共犯體系，警察想要禁絕，通常都是治標不治本，反而轉往其他地方，繼續活動。尤其，神明廟會往往要巫覡協助廟會慶典的進行，警察要取締不勝枚舉，且會造成民眾的反感。從當時新聞報導可以得知一二，如1926年在南投城隍祭典廟宇前的公園廣場表演時：

> 三點鐘左右，在公園廣場人來人往，素人乩童乘興，過沒多久開始亢奮，到處狂舞，從四方傳遞刃器，手執刃器，在頭部胸部數個地方，自我傷害，其置之不理的話，直到一命嗚呼，由於釀成危險，多數之人被警察官抓住，木村公醫、葉醫生等實施急救手段，警察課內使之一時安靜。〔註66〕

〔註63〕 王大俊，〈臺灣乩童感言〉，《臺灣時報》，1917年2月，頁15～16。

〔註64〕 冬鋒生，〈臺灣事情——第一宗教〉，《臺灣警察協會雜誌》，第122號，1927年8月，頁40～41。

〔註65〕 山根勇藏，〈臺灣民族性性百談〉，《臺灣警察協會雜誌》，第140號，1929年2月，頁118～119。

〔註66〕 不著撰人，〈顯靈的城隍神之大祭典（南投）素人乩童和大鬧大袈裟的餘興之數則〉，《臺南新報》，1926年7月27日。

警察取締這些乩童，其儀式被視爲自戕的行爲，恐危害風俗。因此以強制手段將乩童接受醫療救治，止住鮮血後乩童們懇求警察官讓他們回到祭壇，警察官也睜一隻眼閉一隻眼，允許他們回去，祭典直到半夜 12 點才結束。雖然各地方官憲面對民情壓力，通常允許祭典繼續的進行。

又，巫覡的預言常被視爲妖言惑眾，乩童從嘴吐出神印顯示眞有神靈降臨。1927 年新竹州大溪郡大溪街三層三一番地（今桃園縣大溪鎮）曾昭全之四男曾文（年 30 歲），擔任馬公舍的乩童，在 10 月 23 日的夜裡，以鄰居趙某家宅不安之故，前往馬公舍求助。夜晚曾文突然起乩，預言此地將有大災禍降臨，要求各戶在農曆朔日犒賞神兵，否則無法避免災難。在農曆五日巳時，曾文宣稱有李老君和天上聖母派神兵幫助，驅逐妖孽，作法中曾文從嘴巴吐出一枚印章，上面刻有「馬」字，他以此印蓋在數千枚神符上，將神符發送給信徒。因此，吸引大批的善男信女。這種魔術性的表演，遭警察官的探查：

> 特務逸見氏和刑事池田蕭三氏，共同協力調查，剛開始曾文不管怎樣都不承認。之後得知不可能避人耳目之消息，即兩枚印章，在過去十八日，曾文招供曾拜託中壢老街之莊垂淋刻印章。三十日到該地核對證詞，昭示罪狀。移送司法部究辦中。〔註 67〕

由此可知，以神奇的障眼法，展現神力，以吸引信眾，被視爲詐欺的犯罪行爲。另外，還有民眾冒充乩童在北港朝天宮作法，遭識破險被打。在 1927 年 11 月 15 日晚上 8 點，從埔社來的年輕人，突然在神桌前起乩，宣稱是天上聖母降乩，但被觀眾識破，民眾以其行爲冒瀆神明，險遭毆打，但是有人視他爲參拜者，因而勸導他離開。〔註 68〕從此新聞事件，可觀察到乩童之舉動會吸引民眾之目光，但此假冒乩童容易被民眾識破，可見乩童要信於民眾，並不容易，往往要藉助神蹟之展現，才具信服力。

從上面三則新聞，調查從事乩童職業之背景，指出「臺灣的童乩，大部分爲無專業者。大多爲苦力、礦夫、漁夫、農夫或遊藝稼人等賤業者之兼業爲例，很少爲公學校之學生。」〔註 69〕這代表著官方觀察到從事巫覡職業，

〔註 67〕不著人撰，〈馬乘公乘り移つたと言って乩童謠言を造って村愚を惑はす印を吐き符を頒たんとしたがうまく行かず當局往つて查べて馬腳盡く露れた〉，《臺灣新聞》，1927 年 11 月 2 日。

〔註 68〕不著人撰，〈參詣人の僞乩童北港朝天宮に亂舞す馬腳既に露れて危く打たれんとす〉，《臺灣日日新報》，1927 年 11 月 18 日。

〔註 69〕山根勇藏，〈臺灣民族性性百談〉，《臺灣警察協會雜誌》，第 140 號，1929 年

尤其乩童，通常以教育程度高低為判別的傾向，有念過公學校之民眾，從事這行業的人相對比較少，而巫覡擅長操縱未來預言之妄語，迷惑普羅大眾，被官方視為臺灣人教育程度普遍低落之現象，需要加以改進。〔註70〕

三、對術數之觀感

至於，術數來說，以干支推算年份命運之好壞為基本的推算法則，以十二地支來代表十二生肖，十天干搭配十二地支以自然循環論，也代表著人的命運吉凶的循環與國家運勢的興衰存亡。天干地支搭配有六十年一循環，這六十年的循環有其共通點，以同樣循環到同一天干地支年，就有相類似運勢。對此類論述的評論：「大正5年的辰年和昭和3年的辰年運勢稍似相通的，明治元年戊辰和昭和3年戊辰是運勢大為酷似之事情。有那種笨蛋般的事情嗎？還有，就人的運勢而言，子年生的男子交換，丑年生的女子交換，在其相同的狀況，其運勢和氣質可以決定了話，同年的人凡是有同樣的氣質，同樣的命運不得不被支配，究竟有那種笨蛋般的事嗎？」〔註71〕論者認為是愚蠢的事情，不相信同一天干地支年會有同樣的情況會發生，是為迷信無意義的事：

> 總而言之，對我們現代人來說，從科學性的立場來談的話，干支是全然無意義的。根據干支占卜日的吉凶，判斷人的命運是可以斷定一切迷信。〔註72〕

臺灣總督府警務局觀點，幾乎都以現代化國家的角度質疑臺灣傳統干支占卜術的可行性，認為是一種迷信的方術，有礙文明的進展。

四、巫術偏方與衛生考量

在大正與昭和年間不斷鼓勵衛生思想的普及，其政策也是運用警察與保甲制度來推動，藉以宣傳衛生清潔的重要性，改良不良的衛生習慣。在推動衛生普及的過程中，發現到臺灣人衛生習慣不佳與無智、迷信、公眾道德的缺乏、傳統慣習有關。〔註73〕主要是民眾認為民間偏方或是巫覡賜藥，能治

2月，頁121。
〔註70〕同上註。
〔註71〕T‧S生，〈現代人に無意味な年の干支〉，《臺灣警察協會雜誌》，第127號，1928年1月，頁174。
〔註72〕T‧S生，〈現代人に無意味な年の干支〉，頁177。
〔註73〕岸信雄，〈衛生思想普及策〉，《臺灣警察時報》，第46號，1932年2月，頁67。

療疾病或強壯身體，相信「腹中的寄生蟲是可以幫助消化」、「飲用他人唾液可以治療熱病。」〔註74〕這些毫無科學根據想法，使民眾健康受損。因此採取了衛生講習方式，強化教育宣導，來改善陋習，並派遣保甲與警察來督導民眾環境衛生的維持與清潔，更進一步取締妨害公醫或醫生外的醫療行為，例如乩童被視為干預醫療行為「乩童的弊害亦為甚大，他們妄說一言一句使人相信，現在的信者幾乎是缺乏理性者。」〔註75〕藉由警察取締妨礙醫療者，目的要改善迷信乩童醫療的陋習。

　　此外，還有對於迷信之取締，例如臺灣民間流傳「送窮鬼」之儀式，在馬路上潑糞，目的是祈求未來財運的順利，這個潑糞行動明顯影響環境衛生；其他是民眾相信巫覡或是江湖術士使用偏方儀式。〔註76〕總之，對於有害衛生之事，均透過警察取締，加上大規模衛生講習宣導。在改善衛生過程當中，迷信通常被視為眼中釘，妨礙衛生。

五、管理巫、術者之綜合探討

　　巫覡占卜儀式當中，最重要的為降神儀式，通過神靈附體，以神明、亡靈或是精靈之力透過靈媒之口發出預言，降神術以巫覡為擅長，以降神術有關的職業者為「法師」、「符法師」、「乩童」、「尪姨」為主，臺灣民眾深信其術。民眾認為這是一種文化之傳承，神降成為一種文化習俗，有學識者也深信其術，官方設法令禁止此民俗，也不太可能一蹴可及。反而形成民眾與官方對立，並轉往地下發展，反而使破除迷信思想，成為一種民間信仰精神與官方唱雙簧調的情況。調查學者也從中了解到神降背後之原因，從而瞭解臺灣本島人民族精神思想，認為本島人深信「偶像之工作」，尤其本島人生老病死，由於神靈感應會賜與人未來吉凶禍福，需要靠鬼神代理人巫覡去執行溝通任務，尤其疾病原因認為是鬼神作祟之故，需用巫覡向神靈祈禱找出化解之道。本島人治療疾病就尋求巫覡習俗，「信巫不信醫」妨礙現代醫療情況，使官方有一套解釋的原因，能有其對症下藥來處置巫覡妨礙醫療。〔註77〕政

〔註74〕平芝勝次郎，〈衛生思想普及策〉，《臺灣警察時報》，第46號，1932年2月，頁52。

〔註75〕岸信雄，〈衛生思想普及策〉，《臺灣警察時報》，第46號，1932年2月，頁70。

〔註76〕岸信雄，〈衛生思想普及策〉，頁71。

〔註77〕增田福太郎，〈神懸り〉，《臺灣警察時報》，第6號，1930年3月15日，頁15。

府了解本島人迷信之深層原因，靠政策宣導與教育加以解決。

　　針對迷信心理研究，日本學者研究其成因，桑田芳藏認為迷信盛行的條件，在於宗教、科學與哲學之力的不充分。〔註78〕首先以宗教來看，普羅大眾有向低階宗教信仰的傾向，視其為迷信；其次就哲學來看，人類對於知識追求滿足與否，人的感情、意志之欲求，宗教成為解決問題的面向，對於人生問題尋求解答；從科學來看，依照自然科學解決自然現象問題，科學醫療尋求疾病發生致病原因與治療方法，精神科學解釋人的心理疾病問題，這三方面的立場解釋迷信心理，並且闡釋迷信誤謬。〔註79〕迷信原因可以歸咎為人生生命的問題探討、疾病治療、心理疾病的治療，都是尋求人生意義問題的解脫。最後，他對於迷信心理提出打破迷信之方法：

> 除了指出迷信誤謬一個方法，還有不被傳承與大量的思想迷住，培養批判性精神和明確的知識是必要的。不得不努力正確性宗教的宣傳與科學的普及，還有強調迷信反對事實顯著之事，領會迷信的心理是重要的。〔註80〕

上面引文，點出了針對改善迷信心理的具體方法，尤其批判精神與傳遞正確的知識，民眾才不會因為迷信而失去人生方向，不會被迷信所煽動做出不理智的行為。這些宣導也著重在傳導正確宗教觀與科學普及的重要性，面對文明化、現代化的過程，迷信觀念往往與現代化文明敵對，官方也視迷信為落後象徵，國家為了進入現代化進程，對於傳統迷信之觀點需要打破與拋棄。

　　在日治時期臺灣社會中，其中警察參與社會各項監督、管理等工作，擁有干涉民眾各項生活的權力，作為基層的警察，呼籲民眾能改善迷信慣習，監督民眾精神生活，能使臺灣本島人朝向文明進步，其觀察面向為臺灣人時下生活的情形。1921 年臺北州巡查指出臺灣人平常生活極為浮華輕佻與迷信，各種生活時節婚喪喜慶，常向宮廟祈求並預期吉凶禍福；應從舊慣習的束縛中脫出，改善舊有陋習，迎向新生活型態。〔註81〕另外，由於臺灣經歷

〔註78〕桑田芳藏，〈迷信の心理〉，《臺灣警察時報》，第 23 號，1931 年 1 月 1 日，頁55。

〔註79〕桑田芳藏，〈迷信の心理〉，《臺灣警察時報》，第 23 號，1931 年 1 月 1 日，頁55。

〔註80〕桑田芳藏，〈迷信の心理〉，《臺灣警察時報》，第 23 號，1931 年 1 月 1 日，頁55。

〔註81〕楊萬居，〈本島人の生活改善を叫ぶ〉，《臺灣警察協會雜誌》，第 51 號，1921年 9 月，頁 19～20。

過大正民主潮，民主、科學概念引進，面臨到的問題是官方如何看待民間的傳統習俗，尤其是術數之類的占卜術，此類以方位、年齡運勢、災厄日根據陰陽五行與干支，被視爲是機械性思考方式，並且缺乏科學根據，無法認同術數啓示人的命運有著自然支配律，更進一步說明手相、骨相、夢判斷、判斷筆跡判定命運好壞，均無科學根據。〔註82〕用科學的觀點闡釋此相術，術數被賦予負面的形象。

從調查整備時期中，自從宗教調查報書陸續出版，瞭解到臺灣人背後文化精神與慣習的形成，而使臺灣總督府有一套制定管制的法則可循，並且配合人口調查，也清查出全臺灣從事巫覡術士職業人口之分布，使臺灣總督府更可以從空間人口分布情形，加強政府控制力。自從1908年「違警例」頒布以後，針對巫覡術士職業者，官方採取較爲嚴苛的管制方式，以法令限制占卜等各項儀式的進行，並且被官方認爲是迷信行爲須加以取締，這樣的打擊，使巫覡術士轉往地下經營，法令上取締也是防不甚防。面對這些占卜術，官方人員視這些數術爲迷信觀感，認爲有礙於個人衛生健康，或是受人蠱惑參加秘密結社違法之事，而且民眾把這些事情視爲慣習，是根深蒂固的觀念。官方卻以文明國家來自許，希望能改善充滿迷信與野蠻的文化，以講習會教育宣導，培養科學視野，警察與保甲制度能監督民眾建全生活，能杜絕這些巫覡妨礙現代醫療診治，此類政策是一種現代化與傳統慣習之間的拉鋸戰，影響殖民統治的成功與否。

第三節　彈壓緊縮時期（1937～1945）

彈壓緊縮時期（1937～1945）的期間，此爲皇民化運動最興盛的時期，面臨到1937年七七事變之後，爆發了全面對華戰爭。臺灣成爲日本國家總動員令的一環，1937年10月決定以「舉國一致、盡忠報國、堅忍持久」爲目標發動「國民精神總動員運動」，推動「發揚日本精神與敬神精神」，臺灣總督府爲了配合此一政策在1937年9月10日頒布〈臺灣總督府國民精神總動員實施綱要〉，其中有一項重點爲推動國民教化和「民風作興運動」，改造臺灣人整體精神，由當時臺灣總督小林躋造推動與落實皇民化運動。〔註83〕其中

〔註82〕大石武，〈科學と迷信〉，《臺法月報》，1930年10月7日，頁62～65。
〔註83〕許雪姬、薛化元、張淑雅等撰文，《臺灣歷史辭典》（臺北：行政院文化建設

「民風作興運動」始於 1936 年，在整個 1930 年代促成一種風氣，倡導要改良傳統宗教、迷信、陋習、葬儀等風俗習慣。〔註84〕1938 年爲了因應長期作戰之需，施行《國家總動員法》，執行禁令與全心勤勞奉公，以便邁入戰時體制。〔註85〕由於「民風作興運動」與《國家總動員法》的執行，社會風氣採取「破除迷信」成爲重要任務，所以嚴格執行法令，警察取締巫覡與術士成爲重要的標靶，檢舉與取締的活動如火如荼的展開。

由於破除迷信成爲主要的任務，警察取締行動加緊的進行。在 1937 年東石地區被檢舉的乩童數量就有 329 人，另外術士爲職業的人有 1058 人，其中地理師佔了 332 名，以上兼業者（爲兼兩種術士職業者）佔 305 名，〔註86〕可以說明地理師爲其大宗，還有兼兩種職業者也佔了大部分，都受到禁令的打擊。不過，術士被取締的情形，與乩童相比是相對較少的，只要涉及到詐財與詐色的行爲就有被取締的可能。在 1941 年的統計狀況，臺南地區的乩童數還有 578 人，這樣的訊息，可以得知無論如何取締，當時的日本官員和學者，一致認爲乩童是一種很難滅絕的民間習俗。〔註87〕在地方來說，1943 年臺中州調查巫、術職業人口，地理師 73 名，擇日師 42 名，地理、擇日兼業者 86 名，共計 201 名，其它兼業者 160 名，總合起來 361 名。道士則是 345 名，地理、擇日、道士合計爲 706 名。以年齡層來區分，地理、擇日師爲術士之代表，30 歲以下（含 30 歲）爲 3 名，31～40 歲階層爲 37 名，41～50 歲階層爲 44 名，51～60 歲階層爲 59 名，60 歲以上（不含 60 歲）爲 58 名，共計 201 名；道士爲巫覡之代表，20 歲以下（含 20 歲）4 名，21～30 歲階層爲 61 名，31～40 歲階層爲 105 名，41～50 歲階層爲 87 名，51～60 歲階層爲 61 名，60 歲以上（不含 60 歲）爲 27 名，共計 345 名。〔註88〕總結來說，隨著世代遷移，從事這些相關職業之人，其存在逐漸稀薄，更歸納出 20 歲以下者，從事巫覡術士相關行業者，有減少的世態。根據臺中州個別區域判斷，以微觀角度推測，破除迷信的政策有一定的影響力，加上戰爭時期徵召入伍減少

委員會，2004 年），頁 708。
〔註84〕 林呈蓉，《皇民化社會的時代》（臺中：莎士比亞文化，2007 年），頁 12。
〔註85〕 林呈蓉，《皇民化社會的時代》，頁 4～5。
〔註86〕 臺灣總督府，《臺灣宗教調查報告書第一卷》，頁 63～67。
〔註87〕 國分直一，〈乩童的研究〉，《民俗臺灣》，第一輯，1942 年，頁 90～102。
〔註88〕 池田敏雄，〈臺灣民俗覺書（四）〉，《臺灣警察時報》，第 334 號，1943 年 9 月 20 日，頁 39。

人口成為其中之因素，綜合上述因素，導致當時年輕世代之民眾參與巫覡術士職業有大幅減少的趨勢。

在「民風作興運動」盛行的過程中，打破迷信成為當時政府的口號，一方面是破除舊有陋習，另一方面是斷絕迷信的思維。調查人員與學者深入民間，探討深層的巫覡施行巫術之弊，其目的是保存傳統文化，保留好的習俗，革除陋習。在論及巫術之弊，主要是根據於陰陽五行之說，考量到日月與十天干、十二地支之關係，推其相生相剋的道理，曉諭吉凶禍福，立起種種的禁忌，違反將有災禍降臨，歲時的吉凶禍福如月份、日、時、方位等的吉凶，民眾幾乎相信非科學性的巫術，學者曾景來提到：「術者一邊利用著藥物，一邊用著心理性的暗示，努力於使民眾相信奇異的效果。」〔註89〕巫術與醫療常常脫離不了關係，就有舊俗所稱的「習俗尚巫信鬼，乞求神明賜與治病之藥」，也就是過去以來巫術者即為醫術的時代，民眾相信疾病為鬼神所致之迷信，比起醫者診斷，接受鬼神啟示是更為直接的，這也說明了「一方面民間大多亦是依照巫術的暗示祈求安慰。……迷信之風氣至今盛行。」〔註90〕對於臺灣迷信之風氣做了詳盡原因探討。另一方面因為巫術有安定人民精神象徵，屬於精神寄託的功效。對於道士建議：

> 我對道士的一些見解，當然對於道士應做更為嚴重之取締，進一步
> 再檢討此事應樹立適於時代之方策並加以提倡。〔註91〕

所以學者對於巫、術者之政策建議，採取破除不好的陋習，並且加以取締。但是，取締之事應該採取更為適當的政策，不是只有一味之破除，而應保存良好傳統習俗文化，管理之法應該與時俱進，期許巫、術者能變革，不違反善良風俗。

皇民化運動在戰時體制中，成為一種盛行的風潮，鼓舞大和民族神道精神的養成。風俗改良成為官方推行重要任務，神道精神傳承民眾成功與否，與臺灣傳統民間信仰起了敵對的效應，認為應是使臺灣民眾成為忠誠之皇民。所以，民間信仰成為阻礙，大力掃除民間信仰相關之事，尤其與民間信仰廟宇相關職業乩童、法師等或是算命、卜卦者等，都紛紛成為取締的對象。

〔註89〕曾景來，〈臺灣の道士と其の巫術〉，《臺灣警察時報》，第271號，1938年6月1日，頁63～64。

〔註90〕曾景來，〈臺灣の道士と其の巫術〉，頁63～64。

〔註91〕曾景來，〈臺灣の道士と其の巫術〉，頁64。

對於國民精神養成的議題，特別是「正信」與「迷信」就有建議與評論，以當時臺北帝國大學教授飯沼龍遠提出「正信」與「迷信」之標準來評判：「一、其時代的知識符合與否。二、道德符合與否。三、對於人性向上發展有助益與否。」〔註92〕自第一項來說，以臺灣乩童祈禱神降預言過程為例，他就指出根據人的知識視野與時代背景來判別，啟蒙未開的時代視為正信，文明開化的時代視為迷信，考量到時空背景與合理性，有其適當的時空解釋。第二項用道德判斷，有沒有違背社會善良風氣，如巫覡或是術士以祈禱或卜卦所產生得斂財案件，或是隨意運用咒符或亂用藥物危害人的生命。第三項對人性發展有無益處，以人性美化、勸人向善為指標。其它如看日子好壞與否、方位之良窳、卜吉凶禍福、偏方治病等，常被科學家猛烈抨擊，作為迷信看待。但是，民眾對於黃道吉日的選定與大事業開展如何，在心理上不是沒有意義的，其評判標準在於人性向上發展與否。〔註93〕最後考量正信與迷信的效果：「迷信是不得不消滅，然而只有消滅是不行的，其應向正信給予開闢積極性的道路對於迷信消滅之真意合乎原因。」〔註94〕發揮正信指引當時皇民化精神，計畫神道精神為正信，消滅其他迷信如巫、術者之術，就有了正當的理由。

官方政府強力推動民風作興運動，要求精神統一，受到影響的巫覡、術士，紛紛被警察強力取締與檢舉，生計可說是一落千丈，加上政府強力執行巫覡、術士相關行業廢業行動，為巫覡、術士面臨一大危機。官方政府採取輔導轉業等措施，為巫覡、術士一大轉機的關鍵時期。

乩童、女巫被官方當局認為有妨礙政策推廣，須革除惡習與迷信，拘捕數名乩童、女巫，判處拘留等刑罰：

> 東石郡警察課，一番努力建設部落振興會，欲掃除由來之惡習及迷信。乃於去三日，檢舉郡下各街庄之乩童女巫，以打破迷信。朴子街被檢舉之男女，凡十七名，受筱宮司法主任取調後，一同即決拘留。……〔註95〕

〔註92〕飯沼龍遠，〈迷信退治の基調〉，《臺灣警察時報》，第283號，1939年6月10日，頁59。

〔註93〕飯沼龍遠，〈迷信退治の基調〉，《臺灣警察時報》，第283號，1939年6月10日，頁59。

〔註94〕飯沼龍遠，〈迷信退治の基調〉，頁62。

〔註95〕不著人撰，〈朴子檢舉乩童女巫〉，《臺灣日日新報》，1936年7月7日，版4。

乩童、女巫被強力取締，等同於面臨到執業危機，生計呈現蕭條之狀，更進一步，政府下令所有乩童簽下廢業證明書：「茲訂來十五日，召集乩童全員到警察課再嚴重訓告，然後命各人立下乩童廢業誓書，期此種迷信根絕云。」〔註96〕使主要為乩童頓時失去生計，更為雪上加霜。表2-3-1為1936年東石郡乩童取締情形。

表 2-3-1：乩童檢舉數（1936 年 8 月）

派出所名	人員	派出所名	人員
直轄	9	布袋	18
双溪口	19	前東港	18
蒜頭	20	義竹	3
港尾寮	10	過路子	3
竹子腳	7	新店	7
港墘	22	新塭	11
東石	15	六腳	5
三塊厝	31	灣內	12
下揖子寮	14	水虞厝	11
栗子崙	5	太保	11
過溝	7	鹿草	6
後堀	6	鴨母寮	14
牛挑灣	5	下潭	10
東後寮	15	大棟椰	16
總計			329 名

資料來源：永田三敦、筱宮秀雄，《童乩》，頁 127～128。

此外，術士方面也一樣受到打擊，在 1936 年臺南市宣布改變婚喪喜慶之儀式，改變舊有陋習，如鋪張浪費、繁文縟節之舉，導致道士與堪輿師面臨到產業危機，生計變得蕭條緊縮起來。〔註97〕取締之情況，隨著皇民化運動

〔註96〕不著人撰，〈東石郡下乩童數多至三百二十九名〉，《臺灣日日新報》，1936 年 9 月 5 日，版 4。
〔註97〕不著人撰，〈臺南市冠婚喪祭改良後之好影響〉，《臺灣日日新報》，1936 年 2 月 28 日，版 8。

如火如荼的展開,在新竹警察取締妄說流言之地理師更為嚴苛,取締地理師多達六十多名。〔註98〕危機四伏之下,官方政府要負起術士轉業輔導,在1938年臺北州七星郡(今臺北市汐止、士林、北投、內湖、松山區一帶,含新北市平溪區),警察強制命卜、相命、道士、堪輿等相關行業者,命令簽下廢業誓書,禁絕上述職業者,但也輔以轉業協助。〔註99〕這種危機與轉機的過程,巫覡與術士面臨禁令嚴格執行的緊繃時期,逐漸使從事巫、術者人口有消退的趨勢,禁業與轉業成為這些職業者不得不面對的問題,為了生計逐漸放棄原有職業。

為了配合皇民化政策,臺灣總督府派遣宗教警察調查民間宗教運動之情況,為了國民精神統一,也為了預防邪教產生,而造成社會不良風氣,防止類宗教妄斷預言等邪說妄語,造成社會恐慌。官方面對戰時體制下,處理相關宗教活動採取更為嚴苛的檢視與監督。宗教警察取締宗教運動根本指標為「順應我國體之本義且宣揚之,以及貢獻社會國民之福祉,正是使正信正法之宗教運動伸張。」〔註100〕以主要綱領,帶領國民往皇民化運動主旨去奉行,取締的重點可區分成兩點「一、剪除掃滅對於反國體性反國家性邪道之偏離的邪教、邪宗的宗教運動。二、防過反社會性不法的宗教或是宗教行為。」〔註101〕依據兩點取締標準綱領來討論,第一點主要是為神道教精神傳播背書,反對有違神道教精神之宗教,強力打壓臺灣傳統的民間宗教,尤其民間廟宇受到寺廟整理運動的影響,間接也影響到巫覡生計與生存空間。特別是第二點防止不法的宗教行為,占卜、祈禱、禁驗等術都被限制,巫、術者都深受影響。違反宗教運動第二點取締綱領有其特點:

> 巧妙利用信徒之信仰心理貪圖捐獻獻金,或者是成為萬能祈禱祈願
> 之咒巫大人吹噓蠱惑人或妨礙醫療,又或者流傳浮妄的迷信預言迷
> 惑人心撒下社會不安的禍因,進一步有藉著神意佛慮紊亂人倫敗壞
> 風俗等事例不遑枚舉之狀況。〔註102〕

〔註98〕不著人撰,〈地理師の流言を嚴重取締る〉,《臺灣日日新報》,1938年7月23日,版2。

〔註99〕不著人撰,〈易者や道士　七星で根絕　業者も轉業を誓ふ〉,《臺灣日日新報》,1938年11月11日,版4。

〔註100〕吉川覺,〈宗教警察に就いて〉,《臺灣警察時報》,第298號,1940年9月10日,頁23。

〔註101〕吉川覺,〈宗教警察に就いて〉,頁23。

〔註102〕吉川覺,〈宗教警察に就いて〉,頁24。

取締之情況，幾乎都是以詐財案件，或是妄占卜吉凶禍福使人迷惑，抑或是施行賜藥等妨礙醫療之行爲。根據取締案件統計指出，1937 年取締案件有六百件，1938 年約有八百件以上，1939 年激增爲一千七百多件。〔註103〕取締案件逐年增加，代表宗教警察取締此類相關活動有漸趨嚴苛的趨勢，此風氣也顯示了戰時體制採取國家精神統一政策，徹底執行的現象。當時派出所取締地理師、法師、尪姨等，還稱這些爲寄生蟲、癌之惡名，甚至珍糞漢等罵名，稱其迷信一直控制著民眾。〔註104〕

學者調查報告指出，政府對於乩童等巫覡人士的取締，越來越嚴格。但這種根深蒂固的民俗一直難以滅絕：

> 依一九一八年的調查，全島共有一千一百十四人，之後有漸漸減少的
> 趨勢。但是一九三七年，僅僅東石地方被檢舉者就有三百二十九人，
> 再加上一九四一年，台南的乩童人數被列舉出來的就有五百七十八人
> 之多。雖於一九三七年被迫轉業，但仍有五百十七名之多。〔註105〕

上述的研究報告，只是冰山一角。各地乩童、術士，暗中執業的狀況可想而知，這種相傳已久的慣習，要用公權力全部改變，是件很困難的事情。但對於巫覡、術士者來說，政策的強制性，使巫覡、術士面臨危機的衝擊，造成從事相關職業者被迫轉型或放棄原有職業，巫覡、術士在此階段的生存危機感更爲濃烈。

在臺灣取締過程中，迷信犯罪可看到利用迷信詐欺案件，或是利用迷信組織秘密結社產生犯罪行爲等。〔註106〕戰時體制之下，經濟採取統制經濟，戰爭時期緊張的期間，加上經濟的緊縮困頓，造成人類精神的緊張與無助，會有害怕、恐懼等負面心情的產生，對於安全感的需求增大，人民更渴望寄託宗教。由於精神上的匱乏，甚至渴望得知未來預言，成爲一種寄託與想像，迷信犯罪事件可以說是頻傳。自我安全的缺乏，導致民眾尋求自我保護的本能，投身與當局提倡的國民總精神不符的民間信仰，尋求未來之路能有安全感，而使迷信打破國民總精神運動。〔註107〕迷信起因，其中有一項爲神降或

〔註103〕吉川覺，〈宗教警察に就いて〉，頁 24。

〔註104〕寶庫島，〈迷信〉，《臺灣警察時報》，第 308 號，1941 年 7 月，頁 98。

〔註105〕國分直一，〈乩童的研究〉，《民俗臺灣》，第一輯，頁 90。

〔註106〕諏訪鶴雄，〈本島犯罪の種々相〉，《臺灣警察時報》，第 269 號，1938 年 4 月
　　　　10 日，頁 48。

〔註107〕寶庫島，〈迷信〉，《臺灣警察時報》，第 308 號，1941 年 7 月，頁 98。

是狐憑之類的術，屬於人格精神轉換過程，此現象民眾相信精神轉換爲神明或鬼神附體有神奇的預言力量。迷信對於社會危害，如恐慌於迷信而犯了殺人罪，或是因迷信結果而自殺，這些種種原因是沉溺於迷信深淵，對事物不可解之時產生恐懼。人們迷信之因素爲：

> 因爲人人期望生存，極力恐懼死亡發揮本能陷入迷信情況，從恐懼對迷信加入之人多，由於在他方神秘之憧憬心理，漸漸誘入迷信之人絕對不少。尚有外無知識和單純好奇心入其迷信者也是不少的。
> 〔註108〕

上述迷信是因爲各種心理上的需求，而有加入迷信行列，解決不可解之事，甚至被官方認爲是對社會產生許多弊害。迷信犯罪當中以出生年月時辰的占卜迷信爲例，就有傳聞認爲丙午年生的女兒必定遭到丈夫食言欺悔，或是庚申日懷孕之子成爲盜賊的迷信，就有母親因爲迷信之故，偷偷把小孩給窒息殺害之，這些迷信犯罪行爲時有聽聞。〔註109〕

迷信犯罪造成財產與良緣失去，甚至嚴重到生命喪失，預防迷信犯罪成爲官方重要的一環。防範迷信由迷信危害得知，官方認爲三項迷信危害情形：「第一爲迷信常惑亂人心，妨害社會文明之前途。第二爲使人類的根源受到非常的危害。第三爲危及人最貴重的生命等。」〔註110〕以迷信打破爲號召，提出幾點預防方策，期許國民能發揮戰爭時期國家總動員精神。首先第一步以啓蒙民眾爲首要目的，教育民眾有所理性認知，總動員社會教化團體，有啓蒙功效。〔註111〕官方企圖使國民思想向上方策，啓蒙詳細方法爲「在大小各學校教科書上，以迷信撲滅爲目的，明記迷信不可的原因，並且多增迷信打破之事是必要的。」〔註112〕以學校爲啓蒙的基礎單位，迷信打破爲目的，多加以教育宣傳。官方也提出第二步以法規嚴格執行迷信行爲懲處，只要迷信行爲一旦出現，斷然處以取締罰款等罰則。〔註113〕其第二步的詳細方策爲「依照國家的法規嚴禁迷信的工作，處罰違犯者，並且嚴罰其誘惑者最爲重

〔註108〕西山爲一，〈迷信と犯罪〉，《臺灣警察時報》，第267號，1938年2月5日，頁2〜3。
〔註109〕西山爲一，〈迷信と犯罪〉，頁6。
〔註110〕西山爲一，〈迷信と犯罪〉，頁11。
〔註111〕安平政吉，〈臺灣の犯罪と其の豫防政策〉，《臺灣警察時報》，第275號，1938年10月1日，頁9。
〔註112〕西山爲一，〈迷信と犯罪〉，《臺灣警察時報》，頁11〜12。
〔註113〕安平政吉，〈臺灣の犯罪と其の豫防政策〉，頁9。

要的。」〔註114〕以嚴刑法令打擊迷信相關事物，造成巫覡與術士嚴重的威脅，其生存空間被強制滅絕。官方爲了國家精神統一的目的，限制這些自由，迷信思想的撲滅成爲當時盛行風潮。

　　皇民化運動戰時體制的臺灣，限制民間精神思想，爲了消滅漢文化殘留，灌輸大量日本神道教精神。這些殘留習俗，被官方視之爲阻礙國家精神統一的障礙，而巫覡術士面對壓迫緊縮的時代，自年齡層職業調查中，更可以看見緊縮的情況。尤其巫覡、術士之活動，更被視之爲迷信犯罪，不良犯罪的形象加諸於此，必須徹底以法令禁止，加以大量教育宣傳，巫術活動成爲時代的禁忌之事。在民風作興運動盛行時期，官方嚴格管制巫覡、術士職業，危機與轉機同時出現，原本使民眾信賴巫覡、術士之風潮成爲禁絕的風俗，造成這些職業者在日本統治晚期成爲蕭條與凋零的景象。

〔註114〕西山爲一，〈迷信と犯罪〉，頁 12。

第三章　臺灣的知識分子對占卜之態度

　　日治時期臺灣知識分子的組成與界定，從幾個面向來切入，其中教育的影響力為重要因素，使知識分子有不一樣的思維。受傳統漢文教育與現代西方學校教育的內容差異，造成知識分子的差異性。早期受過傳統教育的士人，熟悉漢文化的經典與思想，以漢文化的傳統為保護者與傳承者自居。傳統知識分子面對日本殖民統治，產生的危機感，由於科舉的路斷絕後，以及新式教育體制的引入，嚴重威脅傳統書院教育，傳統士人的出路也面臨困境，傳統文化精神被遭到挑戰。接受新式教育的新一代，因「大正民主潮」各種學說與思想傳入，成為新文化的倡導者，也掌握著文化知識權力，認為社會許多陋習觀念需要加以改善，期望臺灣社會進步。新舊知識分子對傳統習俗的認知，有相當大的差異。本文即以新舊知識分子的分野、傳統知識分子的個案分析、新舊知識分子的轉型、新知識分子之批判與妥協加以討論。

第一節　新舊知識分子的分野

　　界定知識分子，從接受教育的內容來分析，傳統書房教育與公學校教育，培養出來的知識分子，認知上就有不同。日本統治初期，雖然創設了許多公學校與國語傳習所，想要取代傳統書房教育。但是，書房教育不是一夕之間就能禁止，所以早期日本總督府採妥協的方式，規定書房教育的內容要普及國語（日語），之後更採取漸進的方式，要求書房師資需要再進修，加強日語

程度與教學技巧，取得証書才能任教；或書房教育的科目需要按照公學校授課的標準等，規定越來越嚴苛，使之縮編或停業，新舊的遞嬗過程是漸近的、重疊的。以吳文星的《日治時期臺灣的社會領導階層》來看新舊傳統知識分子，可以分成日本統治早期接受私塾、書房等漢文教育的傳統知識分子；以1900年代以來公學校入學人數超過書房人數，1920年代因島內菁英教育的不足與不公平，留學教育蓬勃發展，透過新式教育機構的訓練。〔註1〕這些新知識分子以進步的觀念來期望改革臺灣舊有的慣習。

知識分子的分類，依照周婉窈〈「世代」概念和日本殖民統治時期臺灣史的研究〉一文中關於世代概念的呈現，出生在清末，老一輩的士紳階層，受過傳統的漢文教育，對於傳統的漢人文化有保存的觀念。〔註2〕此類傳統知識分子通常會以結社組織，保護傳統文化，由李世偉《日據時代臺灣儒教結社與活動》，了解到傳統文人「鸞堂」、「降筆會」的結社，這些結社以神明的指示結合文人傳統詩文所作得占卜方式。〔註3〕傳統知識分子對於社會具有領導的功能，參與地方社會的慈善救濟，鄉野間民眾相信其卜卦儀式，具有一定的公信力。至於出生1895～1915年之間處於傳統知識分子與戰間期知識分子的中間地帶，〔註4〕恰好是漢文教育和新式教育接受的年代。這類知識分子是屬於新知識分子的倡導者，引領西方知識導入臺灣，提倡革除習俗弊端。可是，漢文教育帶來的觀念就是傳承傳統習俗，西方新式教育與傳統漢文教育兩種觀念互相衝擊，造就這世代的知識分子，處於矛盾的狀態，又是傳統文化的繼承者，又是新知識的倡導者，兩者身分的重疊，造成此世代有著混沌與迷惑之感。出生在1920～1930年代的臺灣人，被稱為「新世代」，所謂的「戰爭期世代」，這個世代的人歷經社會治安較為穩定的時期，可受學校教育更為完備，受教育的人口比以前提高，與前面世代的知識分子來相比，這個世代的知識分子接受較多現代西方知識的影響。

一、傳統知識分子

在日本殖民統治早期的臺灣，傳統知識分子為鸞堂和降筆會的領導人，

〔註1〕吳文星，《日治時期臺灣的社會領導階層》，頁131～139。
〔註2〕周婉窈，〈「世代」概念和日本殖民統治時期臺灣史的研究〉，頁1～13。
〔註3〕李世偉，《日據時代臺灣儒教結社與活動》，頁209～213。
〔註4〕George H. Kerr, Formosa: Licensed Revolution and the Home Rule Movement-1895～1945, Honolulu: The University Press of Hawaii, 1974, pp.189～190.

受到民間的信賴。有關鸞堂與降筆會的情況，臺灣總督府在臺中所作的調查報告：

> 原來降筆會係日本人暫且稱呼之名稱，民間並無一定名稱。如要強求其名稱，應該是關帝會。……並各在鸞堂集會接受怪異的祈禱。……鸞堂有稱正鸞生、副鸞生、堂守、宣講生、抄錄生等講社神職差員司祈禱及其他事務。日本人所以命名為降筆會，係祈禱後關帝之神靈會移乘筆上賜示寫下種種宣託。其祈禱之方式係先由神職差員等聚集於鸞堂開始祈禱，讓二個少年拿三叉之桃樹枝，在盤上撒砂而放置於其前，盛行祈禱後，不久關事之神靈即通於桃樹枝，少年以樹枝代筆在砂上一字一字記下，而判斷其文字稱為神託，傳佈來會者。〔註5〕

官方批判降筆會的儀式，認為是未開化的民眾，藉神意當作禁止吸食鴉片的一種手段。由新竹地區，不斷向南擴展，擴張至臺南轄境。〔註6〕官方對各地鸞堂的調查指出無科學根據幫人治病，加上大規模聚會，是反抗勢力的淵頭。〔註7〕

降筆會能成功，需要靠民眾的信任與否。不過，降筆會揭示的神蹟，能治療疾病、解答生活問題，往往就是民間所重視的因素。黃拱振為教師，乃知識分子的一群，在窮途潦倒時，成為降筆會鸞生，學習降筆祈禱的儀式。可見知識分子在沒有工作的情形下，為了求生存，加入降筆會，因為神諭宣託需要展現詩詞字句，受過漢文訓練的知識分子具備這種能力，發揮自己的專長。降筆會的成員由知識分子組成，自清代即有：

> 大稻埕亦以降筆惑眾者固多，唯在清國政府時代，文人雅士常依此作文章，只是為遊戲而已，固不害風俗。今之降筆會乃不然，或以藥水解人煙癮，或示藥方，聽聞駭人，端啟毀榜，其害不一而足。〔註8〕

〔註5〕臺灣慣習研究會著，臺灣省文獻委員會譯編，〈鸞堂與降筆會〉，《臺灣慣習記事第壹卷下》，頁86～87。
〔註6〕臺灣慣習研究會著，臺灣省文獻委員會譯編，〈鸞堂與降筆會〉，頁86～87。
〔註7〕臺灣慣習研究會著，臺灣省文獻委員會譯編，〈鸞堂彙報〉，《臺灣慣習記事第壹卷下》，頁87～88。
〔註8〕臺灣慣習研究會，臺灣省文獻委員會譯編，〈妖教彙報〉，《臺灣慣習記事第壹卷下》，頁259～260。

　　傳統知識分子被殖民政府冠上迷信，被認爲是文明未進化的表徵。可是，傳統知識分子本身是飽讀四書五經，以傳統文化傳承爲己任。或許統治者認爲這些傳統讀書人，爲清朝的效忠者，這些儀式活動觸動日本異族統治者的底線，聚眾的儀式活動就會被聯想到叛亂根源。

　　日本人解讀傳統文化的誤解，即有傳統知識分子出面澄清並指出錯誤之處。窺園主人〔註9〕針對小林里平〔註10〕的報告，提出看法：

> 先生以爲風水師之名係因稱墳墓爲風水之後而得名，其實先生已誤
> 解了前提，蓋在中國，如先生所知卜筮之法在易以前即孕育成形，
> 而且有易之後再有陰陽，有陰陽之後再有地水風火，後世進乃而創
> 五行之說，陰陽師之名，風水師之稱，均準之於此。〔註11〕

可見傳統知識分子對於傳統術數有相當程度的了解，並且以捍衛傳統文化，代表傳統文人的堅持與自豪。

二、新舊知識分子的轉型

　　在「大正民主潮」時代，許多留日的臺灣留學生期望以新的西方知識的觀點，改變臺灣的政治環境，因此舉辦文化講習會、創辦報紙等，啓迪民智，期許改變臺灣的迷信舊俗，或是陋習。然而，當時的時空背景下，臺灣傳統知識分子面臨到適應危機，對於傳統讀書人來說，經世濟民是最大的抱負，可是環境已經不同以往，科舉晉升爲官員的夢已被打碎，這種情況促使傳統讀書人，往兩種方向發展，一種如林獻堂（1881～1956），雖然成長環境接受漢學文化的薰陶，本身致力於推動文化協會，爭取臺灣民主權利，抗議不合理的日本殖民制度，其兩個兒子林攀龍（1901～1983）、林猶龍（1902～1955）二子赴日留學，還有資助臺灣子弟去留學，對於新式教育採取開明的態度，以及本身廣泛學習接受新西方學說的洗禮，〔註12〕爲傳統知識分子變革的代表，也是開啓新知識分子的領導人，新知識分子對於臺灣傳統陋習不留餘地作批判；至於傳統知識分子，保持保守的態度，堅持捍衛漢文化的最後防線，

〔註9〕參見洪勉薰《臺灣先賢先烈專輯（第三輯）許南英》（南投：臺灣省文獻委員會，1978年），頁105。許南英（1855～1917）：號蘊白或允白，別號窺園主人、留髮頭陀、龍馬書生、毘舍耶客。爲清朝官員，臺灣臺南府安平縣人，同進士出身。著有，《窺園留草》等書。

〔註10〕1905年擔任臺北地方法院書記。

〔註11〕窺園主人，〈妖教彙報〉，《臺灣慣習記事第壹卷下》，頁259～260。

〔註12〕黃富三，《林獻堂傳》（南投：國史館臺灣文獻館，2004年），頁74。

組成詩社消極保護傳統文化，詩社成員互相慰藉。積極者經營書房教育，提倡漢學經典的閱讀，陶冶儒學精神內在的素養，並組成儒宗神教是爲經世濟民的變通途徑。但是，新、舊之間的觀點，面對傳統臺灣民俗，看法截然不同，甚至以各自的思維，作爲擁護或是攻擊的態度。

三、新知識分子的使命

　　1915 年以後新型知識分子的產生，中生代知識分子，剛好處於文化協會盛行的時代，大正民主潮的影響，內地延長主義政策的實施，各種西方科學思潮的引進，也是啓迪民智的重要時期。此類的知識分子對於傳統文化開始反思批判，與官方立場不謀而合，根據《臺灣時報》有一群知識分子針砭臺灣傳統習俗，作了許多文章報導，批評這些占卜行爲，如因迷信危害個人健康，被神棍騙取錢財，因迷信的利用而起的叛亂，這些種種弊端的揭露，也教導了當時民眾需要改善迷信的想法，引進現代知識進步的觀念。有一篇文章關於〈臺灣習俗改善管見〉，針對迷信的議題作探討，調查並且報導迷信的課題，對於迷信有一些見解，「本島人對於迷信實在是太根深蒂固，農村田舍大部分的人『生而迷信，死爲迷信』可以這麼說。」〔註13〕針對臺灣農業社會的情形，迷信的思維是很普遍的。而且此篇報導還提出許多弊風改正，如時間勵行的概念、嚼檳榔有害於公眾的衛生、纏足的改正、婚喪喜慶從簡不宜奢、公眾衛生的重視。展現知識分子的期許「帶領本島人文化向上的期望，社會風俗善良的建設，陋習的打破，迷信的排擊，生活改善勇往邁進。」〔註14〕當時知識分子認爲透過教育、文化習俗的改善，迷信陋習是可以被打破的，視傳統民間習俗野蠻爲恥，或以社會改革風俗的領導先驅爲首。

　　新知識分子由於接受新西方學科的影響，尤其科學的介紹，認爲是促進國家進步的利器。傳統習俗被視爲是迷信老舊的陋習，有害於民智，一旦傳統習俗出現，就會被冠上迷信的標籤。以西方學說、科學、民主作爲新文化改善的最佳良藥，籌組文化協會、臺灣民眾黨等爭取政治權力，創辦報紙如《臺灣民報》，以及舉辦各種文化講習會、夏季學校等，啓迪民智，改善臺灣陋習爲主要宗旨。所以對於臺灣傳統風俗，就如同看到敵人一樣，認爲非改善不行要加以消滅與批判。曾接受過新式西方教育、留學日本的臺灣學生，

〔註13〕陳全永，〈臺灣習俗改善管見〉，《臺灣時報》，1935 年 9 月，頁 65。
〔註14〕陳全永，〈臺灣習俗改善管見〉，《臺灣時報》，1935 年 9 月，頁 74。

在《臺灣民報》上，強烈批判傳統慣習：

> 迷信本來是一種無意識的舉動，稍有知識的人都是知道的，向來臺
> 灣人對於迷信這樁事，卻是存著牢不可破的腐敗腦筋，這是何等的
> 不幸事呀。……獨怪當局負有開導的責任，向來對於迷信的事情，
> 獨取放任主義這真是使我不能無懷疑當局的居心呀！……我前日過
> 嘉義在車站要搭車將北上的時候，剛剛碰著民雄庄的大士爺舉行祭
> 典的日子，一般無智識階級的善男信女，聯袂將赴該處參拜，形甚
> 擁擠。鐵道部對於這一舉，也很獎勵。車站的前面，臨時架起香客
> 休憩所及臨時售票處和加發臨時車班，想是要便利香客的用意，如
> 此看來，用意良在，但我卻認為有惡意存著。……又如稻江的霞海
> 城隍，每年祭典的盛況，這是盡人而知道的，……並且在事前時日
> 將到的前幾天，兩三無聊的報紙就大登特登，大吹特吹，說這年是
> 如何的熱鬧，香客是如何的增加，城隍是如何的靈顯。報紙的天職
> 本來是要啟發社會文化和提倡民智開發的機關，不意負有重大使命
> 的報紙，而公然對於迷信的提倡，我真是替這無聊報低的羞死了。
> 〔註15〕

希望藉報紙的宣傳，改掉迷信的陋習。政府則對於臺灣的傳統習俗，採放任
自由的態度，還有鼓吹、協助慶祝。官方的態度，讓知識分子認為是愚民的
作法，意圖使臺灣文明深陷未開化的階段。新知識分子強力抨擊，認為報紙
該有啟迪民智的功能完全喪失，卻倡導迷信，使報紙促進社會文化良善、進
步風氣的功能，已蕩然無存，讓新知識分子極力想要改善。

　　新知識分子根據迷信民眾的行為面向，作為詳細的觀察對象，關於生病
此件事，民眾就有兩種處理方式，一種為問卜的方式，另一種為求神的方式。
透過神明與巫覡的指示治療疾病，這種非理性的治病模式，依賴性非常深厚，
卻時有因藥籤的指示而被毒死的情形。新知識分子視非理性治病模式為妨礙
現代醫學的無知觀念，普羅大眾深受其害。〔註16〕

　　在《臺灣日日新報》有記載民眾詢問乩童病因並開藥方：「愚民之無知者，

〔註15〕　文杞，〈迷信也可獎勵和提倡嗎？〉，《臺灣民報》，第 2 卷 19 號，1924 年 10
　　　　月 1 日，頁 6。
〔註16〕　不著人撰，〈晨鐘暮皷〉，《臺灣民報》，第 3 卷第 11 號，1925 年 4 月 11 日，
　　　　頁 9。

每信鬼神，凡有病者，即請神像至家，用一人，及瞑目靜立於神前，名曰乩童，旁立一人，頻燒紙錢以祝之，名曰法師。少頃乩童，即跳躍如狂，故作不可解之語，法師則曰，神言某人，是患某病，宜服某藥，即可痊癒。偶有病屬輕微，本可勿藥有喜，則曰是神之靈，亦有病雖甚重，尚可療治，偶因誤服其藥而死者，則曰壽數該盡，非神之不靈耶，嗚呼愚民無知，迷信至此。」〔註17〕充分反映出民眾對於疾病處理的態度，使新知識分子認為民眾的迷信是如此深根。

　　新知識分子認為改良民間迷信的良方就是「教育」，他們大力宣導科學，認為「科學的精神是進步的，不是倒退的；科學的方法是批評的、懷疑的，不是迷信的、折衷的。」〔註18〕以科學的精神與態度，批判、懷疑舊有習俗。透過學校教育、各種文化講習會等，來促進臺灣社會文明的進步，帶入現代化的進程。新知識分子以科學教育為主張，需要依靠學校教育達成，不是一蹴可成的。然而科學在學校教育，特別在臺灣總督府規劃下的教育，卻沒辦法徹底的實行，因此他們批評：

> 對於台灣現時的社會狀態，要謀生活樣式的改善，不可不打破迷信，打破迷信的方法，是在科學意識的養成，是要靠義務教育——普通教育的普及。……其實總督府所注重的方面，莫不偏重於實業教育，試看臺灣中等程度的學校裡頭，大部分都課有手工、農業等的實習科，這是台灣特有的現象。……實業偏重的教育，會疏忽科學意義的涵養，我們觀看公學校的卒業生大都缺乏科學的常識，對於迷信的打破全然無力。甚至有中等學校的卒業生，還脫不離迷信的因襲生活，如士林仙泉、新埔石頭公、苦苓腳的王先生墓……〔註19〕。

新知識分子批判臺灣教育偏重實業教育，忽視科學教育的意涵。因此公學校畢業的中學生，科學涵養還是很缺乏，而迷信仍是不斷的因襲。公學校的教育科目不僅要改善太過偏重實業科目，科學素養要從普通科目的學習中得到，這也跟當時殖民政府要臺灣的人才發展為殖民產業的需求為原則，教育政策跟殖民政策互相呼應，新知識分子針對這點認為是愚民政策的陰謀論。

〔註17〕不著人撰，〈妄開方藥〉，《臺灣日日新報》，1905 年 7 月 12 日，版 5。

〔註18〕一郎，〈隨感錄〉，《臺灣民報》，第 63 號，1925 年 8 月 2 日，頁 12。

〔註19〕不著人撰，〈非科學不能破迷信——普通教育緊要〉，《臺灣民報》，第 179 號，1927 年 10 月 23 日，版 2。

四、新知識分子的反思

另一方面，在 1937 年之後，戰時體制出現一批新知識分子以保留傳統臺灣文化爲號召。由於民風作興運動的盛行，傳統民俗面臨到滅絕的危機。而《民俗臺灣》的出版，爲了保留逐漸消失的傳統文化，此類知識分子面對舊有習俗擁有寬容的態度，並不是認爲全部傳統習俗是不好的，認爲從中有良善精神的存在，更是一種傳統習俗的菁華，薈萃過往民族人文精神。

此外，《民俗臺灣》的創辦人金關丈夫就有相命的經驗，他對於相命的方式如拆字、手相、面相加以介紹。〔註 20〕這些傳統文化的了解，加上西方科學知識的衝擊，知識分子面對這兩種考量傳統習俗與科學概念，其傳統習俗的取捨與否，面對傳承文化的舊感情，與抱持科學理性精神批判舊有習俗，其內在矛盾性就呈現出來。

知識分子處在不同時空背景下，面對傳統習俗的態度，在於時空環境所盛行的風潮與各種因素影響，有各種考量的面向，諸如：生長背景、教育環境、政策法令、風行思潮、個人認知與情感等面向。知識分子針對此民間習俗採取「批判」或者「包容」的態度，是一種世代時空感性與理性間的爭論議題。

第二節 傳統知識分子的個案分析——張麗俊

張麗俊（1868～1941）爲豐原下南坑人，受過完整的漢學教育，漢文造詣深厚，曾擔任地方上的保正，爲一般地方士紳。張麗俊本身對於傳統的民俗、詩社、降筆會等積極參加。〔註 21〕1908 年臺中豐原地區爆發了嚴重的鼠疫，地方官員與警察在地方上執行檢查環境整潔的工作。張麗俊則和區長、各庄保正一起前往媽祖廟，祈求媽祖保佑地方平安，在 1908 年 4 月 27 日的記載：

> 陰天，午前六時往慈濟宮中，仝區長並各庄保正在眾神前再祈地方
> 寧靖、人民平安，即於本年冬季，決將前年所祈三天清醮答謝神恩。
> 道士說畢，俱拜跪一番方各散去。〔註 22〕

可見傳統知識分子，在當時社會上具領導地位，採取向神明祈禱儀式，安定民間社會。

〔註 20〕金關丈夫，〈海口漫步・相命師〉，《民俗臺灣》，第六輯，頁 156～159。

〔註 21〕王世慶，〈日據初期台灣之降筆會與戒煙運動〉，頁 133。

〔註 22〕張麗俊著、許雪姬、洪秋芬解讀，《水竹居主人日記（二）》（臺北：中央研究院近代史研究所，2000 年），頁 38。

一、傳統知識分子的疾病觀

　　傳統知識份子對於疾病的觀感，往往會依賴道士或是乩童，詢問病因。以占卜的儀式探求病因的源頭與解決的方法，如在 1908 年 5 月 20 日有一段的記錄：

> 又家阿海來相商祖上牌位供奉他家中，現他母親得病，請水裡港福順宮三府王爺出來乩，言係此祖上供奉家中作祟云，故欲移往公厝奉祀焉。嗟呼人欲傳子孫而不能默祐子孫，而反言作祟，真耶！幻耶！吾不解其故耶！〔註 23〕

由於祖先的作祟，解決的方法就是移往公厝來祭祀。此作祟的情形，使張麗俊不得其解。在探求病因之後，張麗俊派他的長男與地理師去視察公厝的風水，在 1908 年 6 月 10 日的記載：「又令清漣往阿海家，約堪輿師林森來公厝視察，欲建築公厝現年有利否，他言若坐戌向辰，今年有利云云，少頃方各散去。是日之舉也，因祖上神位供奉阿海家四十餘年，今他甚不容，屢次追迫故也。」〔註 24〕採用改變公厝風水，改善家運，代表傳統知識分子深信風水影響整體家運。祖先住得安穩與否影響後代子孫運勢，獲得好風水成為這些傳統家族尋求的目標，堪輿師為傳統家族所依賴的職業。

　　張麗俊對疾病的治療與病因的探尋，往往會尋求三種途徑來解決，一種為西醫，另一種為漢醫，更進一步還會求助於巫覡、術士或是神靈的幫忙。張麗俊身為傳統知識分子，面對疾病尋求的協助，於 1906 年 11 月 21 日：「因劉才兄染病，是夜延法師來進錢補運故也。」〔註 25〕染病的原因，歸因於運勢低迷，身體才會被病魔入侵，延請道士，花錢消災解厄，增加自身運勢，來抵擋疾病。

　　張麗俊本身有一個隱疾——眼疾，此疾病的突發，長時間困擾著他，突然發病的記載在 1909 年 3 月 21 日：「飯畢浴罷，左眼忽然起痣，夜愈深而痣愈甚，左翻右覆，寢不成寐，空自悲傷夜永也。」〔註 26〕此眼疾即使用了許多藥物，以及多方治療，都不太見效，在 1909 年 3 月 21 日之記載：「晴天，清晨早起，令人視察左眼，則眼眶浮腫，眼內紅根罩滿，坐臥不安，人咸謂

〔註 23〕張麗俊著、許雪姬、洪秋芬解讀，《水竹居主人日記（二）》，頁 47。
〔註 24〕張麗俊著、許雪姬、洪秋芬解讀，《水竹居主人日記（二）》，頁 55。
〔註 25〕張麗俊著、許雪姬、洪秋芬解讀，《水竹居主人日記（二）》，頁 139 頁。
〔註 26〕張麗俊著、許雪姬、洪秋芬解讀，《水竹居主人日記（二）》，頁 158～159。

係飛絲故如此其急,遂請墩街美姊來起飛絲,依然罔效,又多方治療,藥石俱是無靈,舉家甚是惶恐焉。」〔註27〕眼疾的治療成為棘手的問題,不斷尋求治療的方式,不管是漢醫或是西醫,偏方或是秘方都會試著嘗試,眼疾的好轉還是有限。尋求醫者治療不太見效,之後開始尋求巫覡、神靈的幫忙,依靠神靈指示能使病徵有效治療,在精神上獲得神靈的慰藉,能有精神後盾對抗疾病產生得痛苦,在1909年5月6日的記載:「是日,家人令劉漢兄往社口延法師曾枝來祈福禳災。諺曰:合家進錢補運焉。」〔註28〕透過法師增加運氣,驅除病魔。之後還有透過民俗儀式求予賜藥,以治療眼疾,在1909年5月18日:「午后,仝朝君叔往祈老先生廖福靈魂賜藥方以服眼疾也,傍晚乃歸。」〔註29〕可是尋求巫覡、民俗偏方治療眼疾,其療癒還是不見起色。之後張麗俊對於眼疾的態度,採取順其自然的面對,雖然眼睛隨著時間流逝,有逐漸好轉,但左眼的視力已經大不如前,除了生活上閱讀書籍有些不便,面對眼疾的不便他還是處之泰然。

張麗俊家中成員生病,在1912年10月21日他的六子張世翰(1909～1961)生病,拜託道士卜卦探病因:「晴天,往墩,因世翰生項疽,折樹青與道士占卦,住長盛午飯。午后歸,道士來與世翰禳災。」〔註30〕張麗俊的七子張世寧(1911～1913),在三歲的時候碰到嚴重的疾病,給西醫與漢醫診療後,病況還是沒有好轉,在1913年6月尋求術士占卜:「晴天,往墩,到曾萬枝方與世寧占卦,又到街中買什物,近中午歸。午后在家,道士來與世寧禳災。」〔註31〕於1913年8月31日,張麗俊還尋求神靈,給予筊杯指示:「晴天,四時早起,見世寧仍在危急中,寔無可如何,虔備香案當空祈求神祇,撒筶並無一聖。」〔註32〕擲筊的結果沒有聖杯,醫生診斷的結果是肺炎,讓張麗俊一家擔心至極,在1913年9月2日另外請三府王爺來消災解厄:「是日,世寧仍請賴胚來診察,服藥無甚見效。入夜,本庄水順宮三府王爺乩童朱陳秀來家與世寧、世城禳災,則見城之症亦急甚矣。」〔註33〕張麗俊最小的孩子

〔註27〕 張麗俊著、許雪姬、洪秋芬解讀,《水竹居主人日記(二)》,頁159。
〔註28〕 張麗俊著、許雪姬、洪秋芬解讀,《水竹居主人日記(二)》,頁171。
〔註29〕 張麗俊著、許雪姬、洪秋芬解讀,《水竹居主人日記(二)》,頁174。
〔註30〕 張麗俊著、許雪姬、洪秋芬解讀,《水竹居主人日記(二)》,頁278。
〔註31〕 張麗俊著、許雪姬、洪秋芬解讀,《水竹居主人日記(二)》,頁392。
〔註32〕 張麗俊著、許雪姬、洪秋芬解讀,《水竹居主人日記(二)》,頁405。
〔註33〕 張麗俊著、許雪姬、洪秋芬解讀,《水竹居主人日記(二)》,頁406。

八男張世城（1912～1994），也染上了惡疾。張麗俊家裡兩幼兒生了重病，讓張麗俊憂心不已，在 1913 年 9 月 4 日到慈濟宮尋求列位尊神的協助：「晴天，到慈濟宮當列位尊神座前祈求仙丹與世寧、世城二小兒服，後又到廖鴻章推算二小兒命運休咎，近午歸。」〔註 34〕之後張世城身體逐漸回復健康，但是張世寧病況一直不佳，直到 1913 年 9 月 19 日逝世。由於醫療設施還沒有很普及，幼兒的身體抵抗力有限，早期幼兒容易受到疾病侵襲，易導致夭折，通常在醫療效果都無效時，往往就會尋求神靈的幫助，藉由神靈保佑，能度過幼兒抵抗力薄弱的時期，存活率就會有所增長。

　　另外，張麗俊重要的女性友人徐氏妹，在手背上生了爛蛇：「徐妹手盤生爛蛇也。」〔註 35〕甚至在 1915 年 8 月 21 日，張麗俊擔心徐妹的健康，特別請法師來驅災厄，認為生濫蛇，可能因為某種作祟導致而起的：「傍晚徐妹別歸，因自初七來，至今四、五日，手掌生疼，藥難奏效，恐有作祟，故歸與法家禳災，遂欲再來云。」在 1924 年 3 月 30 日，徐氏妹因生病的關係，張麗俊特地拜訪算命師占卜徐氏妹的健康運勢：「晴天，往豐原，代徐氏妹請廖鴻章占卦卜休咎，得大壯陽爻陰動，卦兆不吉，主心肝干苦、骨節酸痛，身體定要生痛，貴人、天醫俱暗，須清明過無大兇，至雨穀過安得稍安。而四月尚有一劫，脫過，至五月方可平安云。吁！斯人也而有斯疾也，真令人痛惜也。」〔註 36〕此卦相配合陰陽五行之說，臟器各有代表之五行，五行之中互有剋相，卦象呈現健康運的凶相，預言這段時間有身體健康的劫難，讓張麗俊擔心忡忡。卦象顯示徐氏妹身體健康狀況不好，提到 4 月有一劫，在 1924 年 4 月 21 日徐氏妹因乳炎關係，送往西醫院治療：「晴天，午前八時，見徐氏妹入外科室，醫師施江東、助手許敏執剪刀……江東、許敏二人方下手割開左乳部皮肉，仔細跟尋發病瘤子……，今手術得安歸，此車夫亦是妹一大貴人矣，不然再延十日，恐難治矣。」〔註 37〕健康狀況才逐漸恢復，這個巧合也令人好奇。張麗俊對於疾病的觀感，認為漢醫藥草有一定的療效，但是面對現代醫療技術傳入，新醫學的衝擊，張麗俊也不得不接受西醫。但是面

〔註 34〕張麗俊著、許雪姬、洪秋芬解讀，《水竹居主人日記（二）》，頁 407。

〔註 35〕張麗俊著、許雪姬、洪秋芬解讀，《水竹居主人日記（三）》（臺北：中央研究院近代史研究所，2001 年），頁 224。

〔註 36〕張麗俊著、許雪姬、洪秋芬解讀，《水竹居主人日記（六）》（臺北：中央研究院近代史研究所，2002 年），頁 179。

〔註 37〕張麗俊著、許雪姬、洪秋芬解讀，《水竹居主人日記（六）》，頁 188～189。

對中西醫雙方療效不佳的情況下，尋求神秘的占卜或是神靈的協助，就成為一條治療的途徑。尤其面對生命重大難題，沒有其他方法可尋求時，神靈占卜成為解答生命難題的出口。

二、傳統知識分子的婚姻觀

在婚姻方面，張麗俊常常依賴神靈占卜，決定兒女們的婚姻是吉還是凶，作為婚姻的參考，於1913年4月7日的記載：「晴天，往墩，雇人力車坐往朴仔口三山國王進香問答，定彩娥、世藩配婚事，點罷，仍坐車回墩。」〔註38〕張彩娥（1897～1975）與張世藩（1898～1975）分別是張麗俊的次女與三男，為了決定婚姻大事，身為家長的張麗俊也非常關心此事。張麗俊思考選擇世藩的婚姻對象，占卜適合的對象作為參考，在1914年5月9日的情況：「晴天，往慈濟宮抽籤，因世藩欲結婚於甘蔗崙庄林賢之孫女，祈聖母參決也。籤抽乙丑甚吉：又欲抽土牛庄陳勝之女，則不肯許焉。」〔註39〕兩位婚姻對象，林家之女與陳家之女，交由媽祖來裁決，藉由抽籤方式，與林家之女婚姻是吉相，而陳家之女則是不許。結婚日課需要挑良辰吉時，張麗俊對於這方面非常重視，決定八男張世城的婚姻日課時辰，分別交給兩位術士審定，彼此比較一番。在1933年2月17日交給郭義玄看日的情形：「晴天，往組合一巡，到慈濟宮問郭義玄擇世城結婚在何日，答二月十二日。天壽言十一日交驚蟄則乙卯月，現年太歲癸酉、卯酉相冲，謂之歲破，又結婚男女俱是壬子，女父是戊子，子卯又相刑，不若用初六如何。義玄言初六又無價取日，未午歸。午后，往良姊家託劉守池審擇此日課，未晚歸。」〔註40〕隔一天2月18日，向劉守池詢問完婚的時辰：「午后，往劉守池方，因他擇世城完婚之日，在此二月初四未免過急，欲相商稍緩有日乎。答若以後無良日，安床亦明日而已，遂歸。」〔註41〕相比較之後，決定隔一天2月19日安床與安胎位。〔註42〕張世城的婚姻如期在1933年3月1日完婚。〔註43〕張麗俊對於婚姻抉擇採用傳統卜卦、擇日的方式來決定，認為吉時良辰有助

〔註38〕張麗俊著、許雪姬、洪秋芬解讀，《水竹居主人日記（二）》，頁351。

〔註39〕張麗俊著、許雪姬、洪秋芬解讀，《水竹居主人日記（三）》，頁44～45。

〔註40〕張麗俊著、許雪姬、洪秋芬解讀，《水竹居主人日記（九）》（臺北：中央研究院近代史研究所，2004年），頁211。

〔註41〕張麗俊著、許雪姬、洪秋芬解讀，《水竹居主人日記（三）》，頁44～45。

〔註42〕張麗俊著、許雪姬、洪秋芬解讀，《水竹居主人日記（三）》，頁44～45。

〔註43〕張麗俊著、許雪姬、洪秋芬解讀，《水竹居主人日記（九）》，頁216～217。

於家運的順遂。

三、傳統知識分子的命理觀

　　旅行遠遊的運勢，張麗俊尋求卜卦的指示。而且遠行凶險未知，難免對旅程有牽掛之心，尤其去廈門、廣東、香港等地方遊玩，隔著臺灣海峽，自古以來有凶險之稱的黑水溝，考量旅途安全與否，成為關心的焦點，在 1911年 4 月 13 日的記載：

> 午后，仝盛祥、少超到德【仝】水碓述予今朝在南北港聖母案前行
> 香，並拈一籤，欲仝諸君往清國廈門、廣東、香港等處遊玩名區勝
> 地，聖母出一戊籤，書甚不合於出行，及撤筊，亦以為不可，吾意
> 決不欲往云云。少超聞予不往，他亦敗興，德仝等乃曰，再往拈一
> 籤如何？因並到慈濟宮焚香祝告，令予作總代拈出，仍是今朝所拈
> 之戊午也，彼等不信，各人自拈，德仝拈之甚好，盛祥聖母不許拈，
> 少超、王興、源水三人亦不甚好，拈罷，方各散歸。〔註44〕

藉由筊杯與籤詩來決定出遠行，可見張麗俊對出遠門旅遊之事非常慎重，尋求神明占卜指示，成為重要的參考。

　　張麗俊關心的課題——兒孫們的未來前途，向算命師批流年運勢，占卜未來命運，在 1926 年 11 月 18 日的記載：

> 是早，相師劉豁然、劉煥然來家相我，甚然贊賞，欲再與我造流年，
> 我辭以三十年前曾造過，今不必云。後將世翰、德恒二人年月日時
> 與他推排，及晚，既造竣。入夜，我向他問狀況，他言二子讀書俱
> 無緣，世翰宜營屠豬，德恒宜營農業。後世恒、世藩亦將流年持與
> 他參考，他言世藩宜營米商，世恒宜食官給業。後我將流年與他檢
> 視，他言四柱甚佳，而且地支辰巳午連珠格，宜八十以上之長壽，
> 只可惜月帶傷官，以致功名遲晚，不然二十六歲即取青衿也，談至
> 更深方各就寢。〔註45〕

由上述情形，相師幫他兒孫卜卦流年。按照命格推斷，他的兒孫各有未來適合的職業。張麗俊被算命師推算出，因月帶傷官，功名成就晚。這些流年的

〔註44〕張麗俊著、許雪姬、洪秋芬解讀，《水竹居主人日記（二）》，頁 44。
〔註45〕張麗俊著、許雪姬、洪秋芬解讀，《水竹居主人日記（七）》（臺北：中央研究
　　　院近代史研究所，2004 年），頁 133。

推算，讓張麗俊深談許久，直到半夜才各自休息。可見張麗俊對命理深感興趣，作爲人生命運觀的參考。

綜觀張麗俊日記內容，面對占卜慣習，有著深厚的影響力，其影響力在生活的各種層面，不管是地方廟宇修建日課或是祈求平安建醮活動、家族成員疾病治療方式、家族墓地風水問題、婚姻對象或婚禮時辰吉凶問題、旅行運勢、家人流年等情況，這些各式各樣的生活問題，人生生命的課題，可以看到張麗俊依賴傳統占卜的情形。尤其張麗俊拜訪、探詢各式廟宇，參拜不同主神，從媽祖、三府王爺、城隍爺、三山國王等，抽籤問卜或是透過乩童扶乩問事，可了解到「現世功利」的展現。〔註 46〕從這間廟宇無法有效治療疾病，就要換另一間廟宇尋求解決的辦法。根據生活起居紀錄，張麗俊對於傳統占卜的紀錄可以說是詳細，對他的生命選擇課題有著強大的影響力。

第三節　新舊知識分子的轉型——林獻堂

林獻堂爲霧峰林家的望族，本身受過舊漢文教育，國學造詣良好，由於本身好學不倦，日本人稱讚他「好學，殊愛讀內外譯書。」〔註 47〕。林獻堂常常接觸到西方的學說與科學觀念，對於西方進步的知識與學說，不餘遺力的介紹，以民族文化的進步爲己任。林獻堂在日治時期常常引領政治活動，對抗殖民統治不公平的情形，追求臺灣民主，引領臺灣追求民族自決、地方自治，如設置議會請願運動、文化協會等，推動臺灣文化協會，提升臺灣民眾的知識水準，創辦夏季學校、各種講習會、報紙，透過教育提高國民的素質，最終目的是使臺灣的社會文化能邁向文明現代的腳步。林獻堂的社會文化活動，包含維繫傳統文化、贊助獎勵教育、推動文化啓蒙運動、突破言論壟斷、改善社會習俗、著書立說。〔註 48〕其中改善社會習俗，認爲傳統社會有陋習需要改善，不然會阻礙社會文明的進展，對於民間的習俗，往往以迷信的觀點來解釋。

林獻堂的庶母〔註 49〕，在 1929 年 8 月 12 日去世。〔註 50〕在庶母出殯前，

〔註 46〕吳學明，〈現世功利——從歷史觀點看傳統民間宗教信仰〉，《點燃人生希望》
　　　　（臺南：臺南縣文化局，2001 年）。
〔註 47〕臺灣總督府編，《臺灣士紳列傳》（臺北：臺灣總督府，1916 年），頁 24。
〔註 48〕黃富三，《林獻堂傳》，頁 69。
〔註 49〕即魏氏瑾瑜。

決定出殯的日子，林獻堂的二哥〔註51〕對於出殯的日子有所微詞，在 1929 年 9 月 11 日的記載：「午後伊若來，傳述二哥之言，謂二十九日是三殺日，不可出殯，須再擇日。伊若亦謂會葬人多，萬一有事，使人疑爲日子不吉所致。」〔註52〕在 1929 年 9 月 29 日庶母出殯的情況：

> 八時二十分移柩，四十分出發。余與五弟、內人、弟婦、猶龍送至
> 大里墓地，其餘皆送至霧峰街。十一時祔葬於先父之墓，十二時返
> 主。今日天氣最好，無烈日無大風，諸事皆甚順適。二哥謂今日三
> 殺日，不敢來會葬，其迷信眞是可笑。〔註53〕

按照林獻堂庶母出殯來看，他的二哥認爲三殺日〔註54〕會沖煞到他，所以就避開這個日子，以免遭受到不好的厄運。可是林獻堂卻認爲他二哥是迷信的行爲，認爲沒有科學依據，而覺得是可笑的行爲。

根據他二哥與堪輿師去察看祖墳，了解林獻堂如何看待風水之術，在 1929 年 1 月 9 日的記載：「二哥與一堪輿師謝某同來，觀祖墳地宅，以發揮其迷信，至晚方返台中。」〔註55〕林獻堂認爲二哥與堪輿師，前往觀看祖墳與家宅地相，被認爲是發揮迷信的功能，更認爲是迷信陋習的一種。

另外，在搜集霧峰林家的沿革過程，其中沿革內容認爲有迷信的情形，於 1929 年 12 月 14 日的描述：「泉風浪及鳥居欲編輯《台中州大觀》，將其搜集霧峰林家之沿革示余，就中有十三世祖蟻墓及庄前土治（地）公井之青涼傘，皆屬迷信之事，盡爲刪除，命成龍寫林爽文、戴萬生之亂二節加入之。」〔註56〕林獻堂看到林家沿革的情況，自十三世祖蟻墓、公井裡的青涼傘的傳言跡象，蟻墓在風水來說是不太好的跡象，如墓裡有蟻、蛇、鼠會造成後代子孫財運的不佳，因爲庇蔭被啃蝕掉了；至於青涼傘是神明出巡前辟邪的聖物，出現在公井代表吉象。以上傳言林獻堂認爲是迷信的事蹟，不足以登載在沿革上。

林獻堂期許臺灣民眾民智能開化，對於傳統社會迷信的習俗能打破，舉

〔註50〕林獻堂著、許雪姬等譯註，《灌園先生日記（二）1929 年》（臺北：中央研究院臺灣史研究所籌備處，2001 年），頁 219。

〔註51〕林獻堂的大伯林文鳳之子林澄堂。

〔註52〕林獻堂著、許雪姬等譯註，《灌園先生日記（二）1929 年》，頁 252。

〔註53〕林獻堂著、許雪姬等譯註，《灌園先生日記（二）1929 年》，頁 269。

〔註54〕所謂三殺，是指地支三合的支，逢辰、戌、丑、未之一，謂犯三殺。

〔註55〕林獻堂著、許雪姬等譯註，《灌園先生日記（二），1929 年》，頁 58。

〔註56〕林獻堂著、許雪姬等譯註，《灌園先生日記（二）1929 年》，頁 347。

辦講習會改善陋俗，其中有一項主題就是討論迷信如何打破，在 1932 年 7 月 29 日的記載：「土曜講座八時五十分楊氏桂鶯講『忍耐』、徐金瑞講『合作之精神』，聽眾不滿百人。下旬辯會之題『宗教有無必要』，因恐難於討論，故改為『迷信打破之方法』。」〔註 57〕辯論會改成「迷信打破之方法」，透過辯論會可以集思廣益，設想改善迷信的具體作法，此類活動為社會迷信改善的重要方式。林獻堂籌組讀書會，也是提升民眾知識水準的重要活動之一，在第七回讀書會裡，針對迷信問題，討論「迷信打破實施具體案」。〔註 58〕甚至林獻堂在講習會上，特別重申迷信打破的重要性，自講習會上傳達清楚觀念給民眾，使大眾能有改變迷信觀念。講習會教育的目的在於此，1934 年 9 月 22 日的記載：「余之演題曰『人』，以智仁勇為骨子，論做人之法及迷信打破，講一時十分之久，聽眾寂靜傾耳。」〔註 59〕可見，迷信打破的宣導教育是如此積極與迫切。

　　林獻堂與日本辯護士討論到臺灣扶乩之情形。日本辯護士嘖嘖稱奇扶乩的靈驗，更想邀林獻堂一起加入，於是在 1935 年 2 月 9 日的記載：

> 辯護士高橋喜又及正林光太郎來招余加入昭和神聖會，辭以稍待
> 之。高橋言扶乩之靈感，取昨夜關帝君降臨之詩云余，又為余介紹
> 桃園簡雅山之乩壇，言欲知神之有無，一見扶乩使人不得不信仰云
> 云。〔註 60〕

從上述所知，兩位日本律師看到臺灣奇特的扶乩儀式，特別是拿到關帝君降臨詩籤，令他們不得不相信，乩童預言是如此靈驗，可是林獻堂對於這方面的事情，還是以拒絕得態度來回覆。好奇的是兩位受過高等教育的日本律師，對於臺灣乩童有如此的興趣，還加入昭和神聖會，成為組織成員。相對於當時臺灣新知識分子來說，這類慣習是他們歸類為迷信的範疇，更是他們的大敵，可以彰顯彼此之間的矛盾。

　　林獻堂本身受過傳統漢學，對於傳統文化有所聯繫與保護，也接收各種西方學說，以科學態度檢視各式傳統社會習俗，並認為臺灣習俗有陋習之風，

〔註57〕 林獻堂著、許雪姬等譯註，《灌園先生日記（五）1932 年》（臺北：中央研究院臺灣史研究所籌備處，2003 年），頁 268。
〔註58〕 林獻堂著、許雪姬等譯註，《灌園先生日記（七）1934 年》（臺北：中央研究院臺灣史研究所籌備處，2004 年），頁 224。
〔註59〕 林獻堂著、許雪姬等譯註，《灌園先生日記（七）1934 年》，頁 366。
〔註60〕 林獻堂著、許雪姬等譯註，《灌園先生日記（七）1934 年》，頁 54。

而這陋習其中一種最爲嚴重，就是「迷信」的觀念。林獻堂爲了尋求迷信的打破，透過教育、講習會、創辦報紙等活動，介紹西方學說，便於提升民智。雖然林獻堂沒受過西方的正規教育，但是他自學接受各種西方學說，受過傳統漢學教育，卻不保守自封，林獻堂可以說是傳統知識分子變革的例子，也是新知識分子引領開端的一人。

第四節　新知識分子的批判與妥協──黃旺成、吳新榮

一、黃旺成日記個案分析

　　黃旺成（1888～1979）出生地爲新竹竹東赤土崎人，爲積極的社會運動家，在日治時期曾參與過臺灣文化協會，是臺灣民眾黨成員。他曾擔任過公學校教師、《臺灣民報》的記者，先後受過私塾漢學教育、公學校教育，最後畢業於臺灣總督府國語學校師範部乙科。〔註61〕從接受教育的歷程看，他大部分以接受現代化教育，受到現代化思潮的影響較爲深遠。他視占卜慣習爲迷信，並以反對與改變陋俗爲己任。

　　黃旺成一生中，一直高唱著反迷信。在社會運動上，他熱心積極參與新竹青年會的改革，喚醒民智成爲重要的任務，尤其針對迷信及陋俗的打破不遺餘力，希望臺灣社會能成爲進步的現代社會。〔註62〕

　　黃旺成的父親陳送（1862～1921）依賴傳統習俗如扶乩、神靈治病、命理占卜等，基本上他遵從父親所採取的方式。他的兒子黃繼圖（1912～1974）出生後，被他的父親帶去算命，他在1912年7月10日的日記載道：「父親爲了繼圖去算命，說這是一個聰明的小孩。」〔註63〕但他對於此事卻以反省來借鏡，顯示了黃旺成理性的一面。

　　對於家裡的人生病或是運勢不順，他的父親請道士到家中爲家人驅邪補運，他認爲：「何迷信之深也。」〔註64〕但卻依照舊有思維仰賴漢醫或神靈、

〔註61〕張德南，《堅勁耿介的社會運動家──黃旺成》（新竹：新竹市立文化中心，1999年），頁20。

〔註62〕張德南，《堅勁耿介的社會運動家──黃旺成》，頁48。

〔註63〕黃旺成著、許雪姬編，《黃旺成先生日記（一）1912年》（臺北：中央研究院臺灣史研究所，2008年），頁325。

〔註64〕黃旺成著、許雪姬編，《黃旺成先生日記（二）1913年》（臺北：中央研究院

巫覡的協助，在 1913 年 7 月 16 日的記載：「九點過後，和母親的轎子同時回到村家，母親看起來很難過的樣子。整天幾乎都在看護母親的病。下午清水來起土收魂。晚上八點半左右父親回到村家，到公宮問佛，用草藥。母親全身都非常痛苦，臥坐兩難。」〔註65〕

面對兒子的連日哭鬧，也求助於神佛，於 1913 年 8 月 11 日記載：「妻祖母爲了繼圖問佛，晚上叫清水來設置土壇和奠爐丹，惜仔來幫忙，很忙碌。」〔註66〕可見黃旺成對傳統巫覡採尊重與包容的態度。

還有一次，黃旺成的三弟〔註67〕因爲腳疾，家人對如何治療意見分歧，在 1917 年 5 月 6 日之描述：「三弟腳部之無名腫，醫生換過五、六人，全無見效。余力說須往臺北病院療養，而家族同意問觀音媽（扶鸞）。雖有藥方，未知如何？」〔註68〕最終他還是尊重家裡長輩的意見，採傳統民間偏方診治。

在早期黃旺成家族中，他的父親治療疾病偏向傳統習俗，如 1914 年 4 月 3 日：「因爲父親腹積水，晚上請乩童來開乩。」〔註69〕在 1919 年 6 月 9 日也請紅頭法師治療父親疾病：「歸時店口方請紅頭爲父親收魂，乃轉問太子爺其命也。」〔註70〕還有 1919 年 7 月 12 日家中各大小成員前往城隍廟去補運：「朝早起，家中大小往城隍廟，爲父親補運。」〔註71〕雖然黃旺成對於此類依靠巫術者治病的方式有些微詞，但是面對家族上的習俗依賴，以及父親也仰賴這些巫術者，加上一般醫藥都沒辦法治療之下，這些巫術等於他們家族的定心丸一樣。家族成員向降乩太子爺問其壽命，如何診治疾病、補運勢等，這些種種難免還是使黃旺成以寬容的的方式去看待。

1921 年這一年對黃旺成而言是最傷痛的一年，尤其是一生勤苦勞碌的父親去世，是最難以承受。爲了治療父親，他常常放棄自己的想法，與世俗妥

臺灣史研究所，2008 年），頁 143。

〔註65〕黃旺成著、許雪姬編，《黃旺成先生日記（二）1913 年》，頁 256。

〔註66〕黃旺成著、許雪姬編，《黃旺成先生日記（二）1913 年》，頁 292。

〔註67〕即陳辛庚（1895～1921）。

〔註68〕黃旺成著、許雪姬編，《黃旺成先生日記（六）1917 年》（臺北：中央研究院臺灣史研究所，2010 年），頁 88。

〔註69〕黃旺成著、許雪姬編，《黃旺成先生日記（三）1914 年》（臺北：中央研究院臺灣史研究所，2009 年），頁 100。

〔註70〕黃旺成著、許雪姬編，《黃旺成先生日記（七）1919 年》（臺北：中央研究院臺灣史研究所，2010 年），頁 137～138。

〔註71〕黃旺成著、許雪姬編，《黃旺成先生日記（七）1919 年》，頁 163。

協，他用盡心思，延醫治療。〔註 72〕除此之外尋求民間偏方、術士占卜、巫術降乩等方式：

　　1921 年 2 月 9 日：下午再請童子爺來，問父親病狀，言係繼母前夫陰魂糾擾，誠無謂也。有外人兩次來問，最後入房爲父親驅除。〔註 73〕

　　1921 年 2 月 27 日：下午與張先生全往訪伯嶼先生，託以龜卜，因龜殼乃書父壽二字，代之言鬼官雙重，病頗深重，漸進無退。〔註 74〕

　　1921 年 3 月 2 日：晚從父親意見作書與二弟，囑其向艋舺青山廟禱之，繼母之姨母自中港來，爲父親禱於蘇大人，烹符藥與服之。〔註 75〕

　　1921 年 4 月 6 日：午后二弟詣竹蓮寺，用八音轎迎三媽進入父房，請金鈴君來，以信杯定藥爲四君湯，服之無異狀。〔註 76〕

黃旺成的父親先後經過乩童問病，被乩童認爲是因爲繼母前夫陰魂之糾纏，而導致疾病產生，黃旺成認爲是無稽之談，不過還是容忍下去。還有經過卜卦師推算他的父親壽命概況，卜卦的結果顯示鬼官雙重，生了很重的疾病，難以療愈，也使黃旺成非常擔心。最後 1921 年 4 月 8 日，黃旺成的父親逝世，他遵照遺訓火葬之。而這些慣習被黃旺成視爲迷信行爲，爲了父親的救治，也爲了盡孝道下所做得妥協。〔註 77〕

　　黃旺成心中對於迷信事務，採取理性的態度，認爲要有革除與改變，甚至反對這些迷信之陋俗，以理性思維來判斷。在 1913 年 8 月 10 日記載：「妻祖母爲了繼圖去卜盲目卦，要我投下，但是我沒有照做。」〔註 78〕因爲當時黃旺成的兒子黃繼圖連日哭鬧不安，加上難以養育的因素，妻祖母建議帶孫子去卜卦，但是黃旺成以理性觀念思考，並拒絕此要求。還有一次，他對於他的妻子〔註 79〕也是一再吩咐不可做出迷信行爲，於 1921 年 11 月 14 日記載：

〔註 72〕張德南，《堅勁耿介的社會運動家——黃旺成》，頁 44～45。
〔註 73〕黃旺成著、許雪姬編，《黃旺成先生日記（八）1921 年》（臺北：中央研究院臺灣史研究所，2012 年），頁 60。
〔註 74〕黃旺成著、許雪姬編，《黃旺成先生日記（八）1921 年》，頁 82。
〔註 75〕黃旺成著、許雪姬編，《黃旺成先生日記（八）1921 年》，頁 86。
〔註 76〕黃旺成著、許雪姬編，《黃旺成先生日記（八）1921 年》，頁 128。
〔註 77〕張德南，《堅勁耿介的社會運動家——黃旺成》，頁 44～45。
〔註 78〕黃旺成著、許雪姬編，《黃旺成先生日記（二）1913 年》，頁 290。
〔註 79〕即林氏玉盞（1889～1963）。

「教訓內人不可迷信一番。」〔註80〕

　　黃旺成對於堪輿的看法，在1922年12月13日描述：「昨夜烈堂等來談風水津津有味，予甚厭聽。……本日因有所感作文兩篇，一爲女子品性觀，一爲風水之迷信……。」〔註81〕風水之說視爲迷信，而有所厭惡之。至於，命理相命之類的術數，黃旺成的觀點在1923年2月7日的敘述：「昨夜方試文棋時，忽有蔡伯毅來，東家下樓與之雜談，言皆鄙俚，多看命相命之類，予頗不憚煩，乃先往就睡，任其恣談。」〔註82〕根據敘述，蔡伯毅（1882～1964）曾在杭州以賣卜爲生，算命時自稱「崑雲使者」，有算命仙者的名號，在黃旺成家裡侃侃而談算命術數是如此玄妙。

　　黃旺成以新知識分子自居，認爲術數有違於理性思維，對邁向現代化思想來說，卻是一大妨礙，使民智有所限制，而有自覺理性思維檢視這些迷信行爲。在往後參與社會運動中，破除迷信成爲革新目的，舉辦文化講習會、言論報紙，成爲啓迪民智的工具，期許民眾能進入現代化社會，擁有理性思維，可見黃旺成破除迷信的積極態度。

二、吳新榮日記個案分析

　　吳新榮（1907～1967）爲臺南鹽水港廳人（今臺南市將軍區）。他的職業爲醫生與地方著名文藝名人，畢業於東京醫學專門學校，在日本求學階段受到當時大正民主潮的影響，接受了許多西方新思潮。1932年回臺後經營叔父〔註83〕所設的醫院，之後對於臺灣傳統習俗文化有其保存的契機，在1941年擔任《民俗臺灣》雜誌的編輯之一。這些臺灣傳統習俗，經由調查與保存，對於當時皇民化運動迫害傳統臺灣民俗，造成一定的流失與危機，有著保護的作用。

〔註80〕黃旺成著、許雪姬編，《黃旺成先生日記（八）1921年》，頁349。

〔註81〕黃旺成著、許雪姬編，《黃旺成先生日記（九）1922年》（臺北：中央研究院臺灣史研究所，2012年），頁414。

〔註82〕黃旺成著、許雪姬編，《黃旺成先生日記（十）1923年》（臺北：中央研究院臺灣史研究所，2012年），頁60。

〔註83〕參見《吳新榮日記全集1（1933～1937）》世系註6。吳丙丁（1903～1950）：1924年臺北醫學專門學校畢業。於佳里開設「佳里醫院」。1932年吳新榮自日返臺時，適逢其叔父丙丁遷往臺南開業，遂由吳新榮接辦該醫院。丙丁任臺南縣參議員時，以腦中風猝逝，由乃兄吳萱草遞補爲縣參議員。吳新榮一生感激丙丁叔栽培之恩。

　　吳新榮身爲新知識分子的一員，對於傳統慣習，尤其是陋俗的部分，是應要改善的。但是面臨 1930 年代，民風作興運動非常盛行的時期，傳統習俗逐漸被取締，甚至逐漸的消失，特別是抽詩籤，給人未來的指示。此詩籤蘊含了文學之美，對於舊俗也不遺餘力的保存，在 1935 年 12 月 12 日的記載如下：

> 午前，往診多忙。午后，去北門地方診查千代田的保險契約者，順路去南鯤鯓廟參觀。我脫帽行禮而后抽一籤詩，我愛此廟是因爲要擁護這鄉土藝術，所以我若有投下賽錢，是使要保存這民族文化。今日我無一錢，以點頭代之，而且使參觀者不致疑我爲異端者。我抽一籤，實是實行我們的習慣；而假使能抽了好籤，我也可安慰我這數日來不快的心情。〔註84〕

吳新榮以行動來表達保護臺灣民俗文化的資產，並且熱愛鄉土藝術的美好，保存民族文化的點點滴滴，表達出一種良善的風俗應該是要有保留，而不是政府表示的全然迫害。

　　吳新榮面臨長輩、家人從信於民間習俗占卜的儀式，或是執行迷信行爲。這些所作所爲，因爲長輩、家人習慣尋求舊有慣習的幫助，加上家人的情感因素，吳新榮對於此迷信行爲，就有默從迷信的態度，於 1937 年 4 月 24 日的描述：

> 因爲母親的主催「謝神補運」是在晚上要實行的，總是我再一回默從的迷信的行事，我再一面的目的是要歸將軍診查數名的保險身體。晚食後爲食了太飽，不管你的敬天公，不管你的廟庭得作戲，我即就床了。〔註85〕

由於「謝神補運」爲民間祭祀神明，除去人的厄運，轉爲好運的儀式。對於吳新榮來說是一件迷信的行爲，只是因爲他的母親習慣這類慣習，成爲一種安定心靈的依靠，所以他默從迷信行爲，是一種對民間迷信行爲包容與妥協的心情寫照。

　　由於 1937 年之後，臺灣進入戰時體制，如火如荼的皇民化運動，以及政府鼓吹民風作興運動，打破迷信行爲，成爲當時首當的任務。民間流傳這

〔註84〕吳新榮著、張良澤總編，《吳新榮日記全集 1（1933～1937）》（臺南：國立臺灣文學館，2007 年），頁 166。
〔註85〕吳新榮著、張良澤總編，《吳新榮日記全集 1（1933～1937）》，頁 308。

兩句諺語，顯示政府政策執行的影響：「慘較無佛可燒香，恨到廢燈最後日。」
〔註86〕代表官方執行這些政策太過強制，民間習以爲常的慣習要被取締與
改變，成爲反彈聲浪最大的一群。吳新榮在1938年2月14日的記載上，有
著他自己身爲知識分子的職責，期許改變不良的風善，但是對於政府政策有
些微詞：「這兩句俗語整天流佈在街頭巷尾。打破迷信，革新政策，本來一
直是我們所贊成、主張的。但是我們對於這段期間所採行的強制手段和愚民
政策無法認同。我們只認同時勢的力量。不捨去老舊的東西的話，無法換來
新的。這新的東西一旦舊了，當然還是要更新，我們期望加速進化的步調。」
〔註87〕吳新榮對於這兩句俗語流傳於各地方，打破迷信政策爲新知識分子
所希望的，藉由革除老舊、不合時宜的慣習，甚至有害於民智的，都是改變
得主要目的。但是官方施行政策是如此強制的手段，無法讓民眾一時之間能
有所適應，一味的執行，沒有考慮到民眾改變認知過程是需要時間。吳新榮
認爲此政策有愚民的負面評價，對於新政策沒辦法完全的認同，並認爲政府
政策應該採取更爲妥善的方式，使民眾知曉立意的良好。

　　至於，疾病觀來說，因爲吳新榮本身是醫生之故，面對家人疾病的發生，
採取是科學方法的治病方式，而他的兒子吳南河（1937～　）生病時，高燒39
度，下痢、嘔吐加上咳嗽和食慾不振的情況，畢竟是面臨到家人有關的事情，
加上西醫醫療效果不見起色時，難免使他內心慌張不安。後來他的母親〔註88〕
建議他去問神問卜，他也親自去拜訪他的漢學老師林沄〔註89〕。林沄先生身爲
傳統知識分子，對於陰陽五行之術有其鑽研，也曾學過相命卜卦之方術。上述

〔註86〕吳新榮著、張良澤總編，《吳新榮日記全集2（1938）》（臺南：國立臺灣文學
　　　　館，2007年），頁206。
〔註87〕吳新榮著、張良澤總編，《吳新榮日記全集2（1938）》，頁206～207。
〔註88〕參見《吳新榮日記全集1（1933～1937）》世系註5。張氏實（1888～1969）：
　　　　吳新榮之母，本姓張，名柑，爲臺南縣北門嶼舊埕庄張大進第三女。七歲時
　　　　與同齡之謝財壽同爲吳玉瓚所收養，翌年分別改名實及萱草。1906年二人結
　　　　婚，隔年生吳新榮。
〔註89〕參見《吳新榮日記全集2（1938）》註釋205。林沄（1891～1946）：字芹香，
　　　　晚號陸沉散人，臺南縣佳里鎮子良廟人。名漢學家。自幼好學，博覽經史。
　　　　嘗於大正初年（約1915年）在麻豆庄下街開設「溚亨商行」。其間與黃文楷、
　　　　高山輝共創義學「麻豆書香院」（亦稱芹香書院）。廣集地方失學青年施教，
　　　　因日人忌妒，遭陰脅而解散，並命高等特務監視行動。後遊大陸，日益嚮往
　　　　中國文化，守志如銅，不言日文，不著和服，不穿木屐，奉行「三不」。吳新
　　　　榮曾受業門下，甚尊崇其人品，吳新榮之五子的命名，皆請教林沄而取的。

兩種尋求神靈問病或是術士卜卦運勢，成為解答當事人心理疑難雜症的心靈出口，在 1938 年 6 月 25 日之情況：

> 到家之後，母親說「問王爺看咧」，我也不想反對，就和父親一起回將軍去，請老大爺、太子爺、地藏王諸神明的指示。下午到子良廟的林泮先生家拜訪。請他看看南河的運勢如何。結果他說今年是凶年，尤其是上半年更壞；但明年開始好轉，不用掛慮。他這麼地安慰我，我順便請他開漢藥處方就回家了。〔註90〕

由於上述問病的過程中，透過問神與術士，使吳新榮有心理安慰的功效。在當天傍晚林泮先生告知吳新榮幫小孩治病的貴人在哪個方位，獲得治病貴人方位的提示「林泮先生又說過南河的貴人在東方和南方，如果六甲治不好就要到臺南去。」〔註91〕這些方位的提示，帶來心靈上的希望，也消解吳新榮擔憂之心。隔一天，吳新榮的父親自問王爺的結果帶來一些問神指示，於 1938 年 6 月 26 日的記載：「降壇的是中壇元帥（太子爺）和范府千歲（范王爺）兩位，前者是將軍本庄的年輕武將，後者是南鯤鯓廟的五元老，兩尊都是我小時候就深切信仰的神明，降神在「轎仔」上，以孔子字指示信徒，每一信徒皆大為感恩。這次的指示是『小兒病在東方、沉重而不要過六月即能好運，待後再指示』。」〔註92〕上述的指示，乩字上寫過了六月後，疾病就會好轉許多，這樣的指示也帶來了一些巧合：「和昨日林泮先生所指示的運命圖是一致的。我仍然不能以科學性來理解這中間的神秘感。然而由此事實，我知道我所得到的安慰是對神明的一種信仰。信仰就是安慰。」〔註93〕對於這樣的巧合，吳新榮身為新知識分子的代表，也身為醫生應該以科學的理性思維來思考，卻也沒辦法解釋這樣的巧合，而從中解釋到是一種對神的信仰，信仰帶來了安慰感，使人穩定與療癒心理。但是對吳新榮來說，這些被新知識分子視為迷信行為，也促使他產生精神上的動搖，所以對於迷信的反思，在 1938 年 6 月 26 日的記載：

> 我對自己最近在精神上的動搖原因，做了一番檢討。結果有三個原因：第一、因戰爭所致的社會之變動。第二、因南河的病導致的不

〔註90〕吳新榮著、張良澤總編，《吳新榮日記全集 2（1938）》，頁 263～264。
〔註91〕吳新榮著、張良澤總編，《吳新榮日記全集 2（1938）》，頁 264。
〔註92〕吳新榮著、張良澤總編，《吳新榮日記全集 2（1938）》，頁 264。
〔註93〕吳新榮著、張良澤總編，《吳新榮日記全集 2（1938）》，頁 264。

安。第三、有關女性問題的未解決。可能這些原因招來我思想的大
變化。我該以盲從和阿諛的方式過日子嗎？或者這是人生之道嗎？
或不相信科學，唾棄科學而做求神問卜的信仰呢？這是迷信的極致
嗎？是否因妻子不在，我反而更要謹慎些才行呢？這些是對舊禮教
的讚美嗎？啊！我還能說甚麼呢？〔註94〕

吳新榮對迷信行為在自己精神上的反省，做了三個原因的推測，其中第一項
原因就是當時大環境背景下，面臨到戰爭時期緊縮的環境，快速的社會變動，
民眾面對戰爭的威脅，導致人心慌慌，精神上容易無所依靠，這時的求神問
卜——舊有的慣習成為人心嚮往之處，這樣的環境，使吳新榮自己深受影響。
第二個原因是因為他的兒子生病，導致他不安的因素，甚至懷疑他身為醫生
與新知識分子的科學、理性的象徵，也懷疑了他引以為傲的「科學」是否能
有效的解決疑問，更進一步懷疑科學是否萬能，唾棄科學轉向求神問卜的信
仰，但反思自己投入迷信行為的行列中，是否無法自拔。反思的過程，加上
他的妻子不在他身邊的原故，讓他失去以往用科學理性的思維，轉而向求神
問卜尋求精神慰藉的感性思維。對於身為新知識分子來說，投身於迷信的行
為，等於違背新知識分子進步觀的信念，反而對新知識分子視之為仇敵的舊
禮教投身懷抱，而他的反思透露出對於科學信念與求神問卜之間的心理互相
衝突。

當局以破除迷信為政策手段，使臺灣傳統文化破壞與消失，文化消逝危
機促使臺灣一群知識分子想要保護的對象，也是一種對鄉土感情的保留。在
1941年11月28日由臺北帝國大學的民族學教室學者提出《民俗臺灣》的編
纂，希望交由吳新榮幫忙負責：「昨天，臺北帝大陳紹馨來信，提及《民俗臺
灣》要出版『佳里特輯號』，希望由我負責此事。」〔註95〕來信勸勉吳新榮，
能為臺灣文化獻上義務，保存臺灣地方民俗，在地方考察風俗民情，作為題
材保留在《民俗臺灣》刊物裡。

吳新榮在1942年這時期是最為難過悲痛的階段，他的元配妻子毛雪芬
〔註96〕在1942年3月27日急逝，對於他來說身為醫生與丈夫的身分，都沒

〔註94〕吳新榮著、張良澤總編，《吳新榮日記全集2（1938）》，頁265。
〔註95〕吳新榮著、張良澤總編，《吳新榮日記全集5（1941）》（臺南：國立臺灣文學
　　　館，2008年），頁282。
〔註96〕參見《吳新榮日記全集1（1933～1937）》世系註10。毛氏雪（1912～1942）：
　　　吳新榮元配夫人，系出六甲望族，臺南二高女畢業。1932年來歸吳門，育三

有救到她妻子，感到非常的自責。在之後把一些非理性的想法歸咎於迷信的
徵兆與原因，在 1942 年 3 月 28 日的記載：

> 雪芬過世的迷信前兆：
>
> 一、數年來傳信鴿因貓而全滅。
>
> 二、數年來的兩隻愛貓都死了。
>
> 三、兩位女傭都染了頭蝨，甚至傳給了女兒。
>
> 雪芬過世的迷信原因：
>
> 一、因挖掘將軍庄的祖墳。
>
> 二、殺死三隻野貓。
>
> 三、身為丈夫得我對妻不貞。〔註97〕

這些徵兆當中，可以得知吳新榮把原因歸納為迷信觀念的一種。根據動物死
掉的因素，就有不好的預感，會帶來壞的運勢，以及頭蝨的傳染就有壞運傳
上身的徵兆，之後開挖祖墳，動到家中的風水，進而影響家裡的運勢，到後
來對於妻子的不忠貞，這些種種的迷信因素歸納，也代表他無限的自責，與
他的感性思維和迷信的結合。

　　吳新榮對於傳統占卜慣習擁有保護民俗文化的身分與包容態度來看待，
但是身為新知識分子也擁有科學理性的思維來面對迷信事物，這樣的雙趨衝
突，隨著時空間的變化有不同的理性與感性思維來看待。面對占卜習俗的活
動，在新年的期間，吳新榮以打麻將的方式，占卜今年運勢，於 1942 年 1 月
4 日之記錄：「以此成績，依舊慣卜了一下今年的運勢：今年中雖然會發生許
多令人不愉快的事，但最後會有出現更好的事，結果是利的。但馬尼拉的攻
陷，已使一切明朗了，於是寄託這些迷信的情感主義也一下子煙消雲散了。」
〔註98〕按照麻將的輸贏狀況，占卜未來運勢，但是加上當時是戰爭時期，日
本軍隊攻陷馬尼拉，戰爭還是持續進行，而不是寄情於迷信活動中，他感性
的情感主義立即抽離，認為應該要更為理性來看待。1942 年由於亡妻使他寄
情於寫文章紓解悲傷情緒與思念亡妻之情，有一次朋友邀約之下，拜訪相命

　　男二女。1942 年 3 月 27 日不幸因病去世。吳新榮曾為她寫下膾炙人口之〈亡
　　妻記〉，暱稱愛妻曰「雪芬」。

〔註97〕吳新榮著、張良澤總編，《吳新榮日記全集 6（1942）》（臺南：國立臺灣文學
　　館，2008 年），頁 232。

〔註98〕吳新榮著、張良澤總編，《吳新榮日記全集 6（1942）》，頁 189。

師白惠文〔註99〕，幫吳新榮推算姓名運勢與手相命運，在 1942 年 8 月 2 日的
占卜：「今天早餐後，百祿君帶我們去找相命師的白惠文氏。他說我名字字劃
不好，筆名也不佳。但我不至於相信這說法。看過我的手掌心，說的也是『帶
雙妻命』，奈何命運會作弄人。」〔註100〕姓名筆劃與筆名兩者推算都不甚好，
對於吳新榮而言，他並不太相信此種說法，採取理性思維當作軼聞，但是手
相卻帶有雙妻命命格，這種命運占卜實在使他半信半疑，相命師所說命運運
勢會如此作弄人般的無奈。而之後到廟裡尋求神明占卜，可了解到他對於這
類占卜習俗的妥協，面對家人邀約，他也跟家人一起出發，到了南鯤鯓廟宇
尋求神明給予他運勢的指示，與家中胞妹姻緣的問卜等籤詩情形，在 1942 年
8 月 4 日的記載：

> 飯後，我先出發到南鯤鯓廟，向五府千歲求籤，但問我現在的希望
> 能否如願。抽到的籤詩是：
>
> 丙寅
>
> 時中暫漸見分明，花開花謝結子成。
>
> 寬心且看月中桂，郎君即便見太平。
>
> 此卦王太君雙生貴子。〔註101〕

按照日記描述籤詩，有詩註說「婚姻大吉」，透露出吳新榮已有孩子，可以不
用太急，靜待時間遷移，心中就會寬闊許多。此外，他的胞妹吳雪金〔註102〕
提親事情，所抽的籤詩為：

> 庚午（此卦郭子儀夫妻拜壽）
>
> 平生富貴成祿位，君家門戶定光輝。
>
> 此中必定無損失，夫妻百歲喜相隨。〔註103〕

〔註99〕參見《吳新榮日記全集 6（1942）》註 317。白惠文：任職於臺南州勸業課，
　　　　為合作法專家，臺南市合作社之創始人。業餘研究姓名學，得東京「五聖閣
　　　　聖學士」之譽。後於臺南市民族路創設「興運閣」，從事卜易星相，命名鑑之，
　　　　聲名遠播。著作有《產業組合》、《命學速成》等。
〔註100〕吳新榮著、張良澤總編，《吳新榮日記全集 6（1942）》，頁 314。
〔註101〕吳新榮著、張良澤總編，《吳新榮日記全集 6（1942）》，頁 315。
〔註102〕參見《吳新榮日記全集 1（1933～1937）》世系註 16。吳雪金：吳新榮二妹，
　　　　臺南長榮女學校畢業，曾赴日本女子美術學校家政科就讀，返臺後曾任教職
　　　　於佳里初中。適林家林永睦醫師。
〔註103〕吳新榮著、張良澤總編，《吳新榮日記全集 6（1942）》，頁 315。

按照籤詩可顯示出「婚姻大吉」，在日記上他也對於此籤詩占卜結果表現出
包容的態度，「五府王爺的籤詩如果是天命的話，我想這門親事應可談妥。」
〔註104〕透過籤詩預知未來，對天命預知的結果，吳新榮表達認同與參考。
吳新榮看待這些占卜的情事，採取寬容與開放的態度，代表對於傳統籤詩占
卜慣習，有著感性的情感，一種支持民族文化的情懷。

　　過了一年後，吳新榮在1943年7月25日迎娶林榮樑〔註105〕女士，成為
吳新榮第二任妻子，在有一次他的妻子生了非常嚴重的疾病，連日發燒加上
咳嗽不斷，疾病拖久之下，吳新榮身為醫生，有辦法轉往其他設備更為齊全
的醫院來治療，但他的家人卻紛紛建議去卜卦問病等，在1944年3月6日之
記載：

> 時間拖久了，各種迷信家都會紛紛出籠。岳母昨天回臺南去卜卦，
> 說是榮樑到吳家後，未曾到六甲「認親」，所以雪芬的靈魂不諒解。
> 又，姨母到學甲卜卦的結果，說法也一樣。今天只好在佛壇上香許
> 願，和故人做個約定：病好了的話，馬上去「認親」。〔註106〕

吳新榮擔心迷信家會趁勢大舉出現，而長輩問出來的結果為當時他的妻子未
到六甲「認親」之故，而他的前妻雪芬對於第二任妻子的不諒解，所導致疾
病的發生。對於長輩卜卦結果的建議，促使他妥協他的想法，進而按照指示
去執行，祈求她的妻子能康復。由於他的妻子久病占卜使他反思到：「人在不
幸或不安時，都會祈求佛祖或神名的慈悲為懷或保佑，看起來很現實。但如
果真的祖先有靈，該會保佑自己的子孫才對。」〔註107〕對於感性思維上，是
一種反應人世間與神靈的互動，有所謂現世功利祈禱神靈降福消災，期望能
感應與保佑，就成為吳新榮反思觀點。又，他的兒子四男吳夏雄（1944～　　）
出生後，許多民眾會帶自己的兒女去算命師推算出生命盤，不外乎吳夏雄也
是，其算命結果於1944年7月8日的記載：

> 夏雄的外婆去看相命師，說孩子要拜『契父母』較妥。我並不信這

〔註104〕吳新榮著、張良澤總編，《吳新榮日記全集6（1942）》，頁316。

〔註105〕參見《吳新榮日記全集1（1933～1937）》世系註11。林榮樑（1921～2003）：
　　　　吳新榮續弦夫人。與吳新榮胞妹雪金為同學。二次大戰中曾任佳里大廟金唐
　　　　殿善行寺附設幼稚園──南勳保育園主任。婚後育三男。吳新榮以「榮樑」
　　　　之日語「英良」稱呼之，也以「榮子」暱稱之。

〔註106〕吳新榮著、張良澤總編，《吳新榮日記全集7（1944）》（臺南：國立臺灣文學
　　　　館，2008年），頁391。

〔註107〕吳新榮著、張良澤總編，《吳新榮日記全集7（1944）》，頁391。

一套，試將此事告訴蘇新君夫婦，他倆很感興趣，說一定要讓他倆
當『契父母』。因為蘇君夫妻還沒有孩子。深感寂寞，覺得如果能當
他人的『契父母』，也許能為他們帶來孩子。他們如此相信。〔註108〕

以相命師推算夏雄的命盤，傾向要有拜「契父母」〔註109〕會使小孩比較好養
育，拜假父母能使孩子能平平安安的長大。建議拜「契父母」的說法，對於
吳新榮來說，根本不信這一套，但是因為有友人拜託，使吳新榮妥協原本的
想法，也能帶給人一些希望。

　　新知識分子受到大正民主潮的影響，接受了西方新思潮，引進科學概念，
期許臺灣社會能有所進步。這些新知識分子當中，黃旺成對於迷信的慣習能
有所打破與改善，但是面對長輩習慣於傳統占卜的行為，被視之為迷信習俗，
通常會考量到親情，由於家人的因素，採取妥協寬容的態度。至於，吳新榮
身為醫生，他的思維以科學理性為主要的原則，但是時空環境的不同，面臨
到1937年之後戰時體制下，強制執行民風作興運動，以及推行打破迷信的政
策，他對政府這項政策進行反思，他贊成改革迷信行為，也反對政策執行太
過強制。吳新榮本身是《民俗臺灣》編輯的一份子，保護日漸消失的傳統習
俗，是一項文化資產的守護者。吳新榮對於傳統占卜慣習，採取理性思維與
感性思維的一種交互反思，也是科學理性與民族文化情愫的反應。

〔註108〕吳新榮著、張良澤總編，《吳新榮日記全集7（1944）》，頁418。
〔註109〕參見《吳新榮日記全集7（1944）》註338。契父母：孩子出生的年月日及時
　　　　辰不好，導致體弱多病，為了養活這個孩子，才給別人做假兒子，故稱假養
　　　　父為「契父」，而假養子就是「契子」。

結　論

　　日治時期臺灣民眾依賴占卜習俗如此之深，尤其仰賴專門巫覡、術士之占卜術，幫忙祈禱、預言未來運勢、問病治病、消災解厄等術，上述活動參與臺灣民眾生活之中，更是無法割捨的慣習。臺灣總督府面對這些傳統慣習，有各時代的處置方式，從寬容到漸禁，逐步到彈壓緊縮的政策變化。政府隨著殖民政策的變化，處置情形有所不同。而知識分子看待傳統慣習之占卜文化，彼此世代背景的不同，接受教育科目也不盡相同，世代觀感有其差異性，所面對舊有文化，採取割捨或保存的拉鋸衝突。

　　日本人成立慣習調查研究會，調查臺灣舊有風俗慣習等。在 1915 年西來庵事件爆發後，宗教調查展開嚴密調查行動，更加深了解臺灣宗教精神背後的意義，對於巫覡、術士有更全面的認識。

　　占卜是一種對超自然與神祕學的解釋，占卜有預測學、占卜術等方式，衍生許多占卜的變化，其目的不外乎對於超自然不可解的現象，有了合理的推測，或是對於未來時空預測，有一定的解釋。根據清代臺灣占卜的延續性，認為從原鄉帶來得文化風俗，進入臺灣後，面臨到開墾臺灣初期之變動局面，有了精神寄託，就能克服開墾的困難，民間占卜之術隨之興起，並且習俗文化隨著在地化改變，「信鬼重巫」成為臺灣民眾傳統慣習，信巫不信醫為傳統臺灣社會主要觀念，延續到日治時期。

　　在清代律令的施行與叛亂關係之中，針對清政府如何處置巫覡、術士，而巫覡、術士所妄斷吉凶禍福，亂占斷國家運勢，成為民眾非常相信的管道，有心之士容易利用此情形，達到動亂反叛的效果。清政府嚴令禁止這類活動，更進一步訂下嚴格律令，杜絕此類情形發生。但是，民間巫覡術士之活動還

是持續進行，民眾對此慣習有如此根深蒂固。

本文之民間占卜可區分爲三種，第一種爲自然占卜的方式，觀看自然界發生的現象與異象，來判斷未來的吉凶禍福，國家運勢動盪與否；第二類爲民間自行操作占卜，以普羅大眾可以簡易操作爲例，如民眾直接向神靈祈禱，擲筊杯來卜算運勢好壞，抽籤詩來預知未來；第三類爲依賴巫覡、術士專業占卜方式，巫覡以通神明、鬼神於身，表達通靈之天人感應，諭示未來，有神通廣大之本領。至於，術士以其經典之術，靠著兩儀、四象、五行、八卦等陰陽之術，推算命運好壞，以觀氣色、面相來斷人命運，或是觀看家宅、祖墳風水，卜得好地理，帶來好運勢。以上占卜，對於民眾來說，是極其密切，更是種韌性堅強的文化，對於官方政府來說，是種叛亂淵藪的潛在因子。

從民間與巫覡術士的互動可發現民間與巫覡術士的依賴關係。由於民眾對未知恐懼，生活上不可解的問題，而尋求巫覡、術士幫助有助消減心理恐懼之感。民眾依賴巫覡、術士的風潮，產生一種狂熱現象，民眾一窩蜂尋求有名者、靈驗者，形成一股龐大的商機利益，所信賴之深依此可知。普羅大眾依賴這些職業者，是一種慣習積累，形成一股密切的互動網。民眾形成一種集體命運觀，普羅大眾尋求趨吉避凶，現世功利的展現。

巫覡術士之社會案件，以其職業犯罪情形作爲探討。巫覡、術士靠著民間口耳相傳靈驗，可獲得頗豐富的利益，形成民眾一窩蜂的風潮，使心懷不軌之徒乘此機會大撈一筆，利用狡詐蠱惑的言語，運用恐怖預言，使民眾掉入詐欺的陷阱中。民眾無知、迷信之情形，被有心之士利用，詐財、詐色、傷害等社會案件屢屢出現，受害者喪失錢財、身體尊嚴、傷害了身體、到最後連性命都得賠上。

以日本官方對巫覡術士的管理，統治初期以溫和主義與強制鎮壓兩面策略統治臺灣。特別是抗日分子，其首領往往利用本身是巫覡、術士的身分，以特殊神蹟之力的彰顯，占卜出動亂必成功，或是用預言來威脅民眾加入組織，形成一股龐大的反動勢力。而對於官方政府來說，面對這些迷信分子所組成的反動組織，等同於挑戰政府的敏感神經，特別制訂《匪徒刑罰令》杜絕此類行動，以強力鎮壓爲方針。相反的由於統治初期政局不穩定，官方政府對於民間慣習，採取容忍的態度，只是對於傳統民間占卜慣習，只要不危害社會安全的底線，或是參與政治性的活動，通常官方政府採取無方針放任的態度，允許這些活動的進行。

　　第二個階段爲調查整備時期，自 1908 年公布違警令，限制巫覡、術士之行爲，加上 1915 年西來庵事件後，開始大規模宗教調查，其調查規模之大，使官方政府能更全面了解臺灣宗教精神，配合人口調查，清查出全臺灣從事巫覡術士職業之人口分布，使官方政府加強其控制力，更能掌握動向。自違警令頒布以來，官方政府加強取締行動，使更多巫覡、術士轉往地下經營，加上法令無法完全禁絕，還有保甲制度成爲巫覡、術士之保護傘。政府面對這些巫覡、術士等行爲，都認爲是迷信行爲，其迷信行爲有害於衛生健康，或蠱惑人心參加秘密違法組織，而民眾視這些慣習爲理所當然之事，成爲一種根深蒂固的觀念。官方政府期許能以文明化來自稱，希望能改善迷信不文明的陋習，透過教育方式宣導，培養現代化精神，動用警察與保甲制度監督民眾的健全生活，杜絕這些巫覡術士妨礙醫療行爲，這些政策顯示了現代化與傳統慣習的拉鋸抗爭。

　　第三個階段爲彈壓時期，由於皇民化運動如火如荼的展開，爲了統一全臺灣思想精神，消滅掉漢文化，灌輸大量的日本神道精神。加上民風作興運動主旨之一打破迷信、改良陋俗。這些殘存習俗，猶如面臨大敵一樣，視巫覡、術士爲迷信犯罪的毒瘤，政府強制執行取締行動，來緊縮這些職業者。根據巫覡術士之年齡職業就業人口調查來看，更可以看到凋零的情況。在民風作興運動盛行時期，官方嚴格控管巫覡、術士之執業活動，危機與轉機同時出現，危機在於這些職業經濟的蕭條，轉機是官方政府輔導這類職業者轉業之活動，此時期禁絕風氣成爲巫覡、術士凋零的景象。

　　臺灣知識分子因其世代、生長背景、受教育背景，對占卜有不同見解。從新舊知識分子之分野，按照世代觀的區分，接受教育背景的差異性，影響對於世界的認識，對傳統慣習之觀感有著全然不同的觀念。傳統知識分子接受傳統漢學教育，以儒家經典作爲典範，而書房教育成爲保存漢學的唯一機構，而讀書人經世濟民之抱負理想隨著時代的巨變，面對日本統治採取兩種不同的面對方式，一種爲林獻堂爲其代表，一方面成長背景接受著漢學文化的薰陶，另一方面廣泛接受西方學術的洗禮，致力於推動臺灣文化協會，爭取臺灣民主，爲傳統知識分子的變革者，也開啓了新知識分子的領導人；另一種爲保守型傳統知識分子，堅持捍衛漢文化的最後防線，經營詩社、書房教育，陶冶學子內在精神素養，甚至組織儒宗神教，依靠扶鸞撐轎來占卜，幫助民眾解答生活上各式問題，也算是經世濟民的變通方法。至於，新知識

分子以引進西方進步思想，來倡導臺灣文明的進步，對於傳統慣習有著革新的理念，希望有所打破迷信。

知識分子面對傳統習俗—包容與批評，傳統知識分子以漢文化的繼承者自居，對傳統習俗採取傳承的方式作為對抗日本統治的衝擊，以籌組儒宗神教來達到群聚保護的效果。而新知識分子而言，尤其經歷過大正民主潮之後，面對舊的臺灣慣習，視為迷信大敵，對於民眾從事這些迷信的活動，新知識分子採取嚴厲的批判，以科學、教育啟迪民智，希望臺灣社會能進入現代化文明，而抱持科學批判、懷疑的精神，來檢視這些迷信習俗，杜絕這些迷信行為。1937 年以後，戰時體制出現了一批新知識分子，提倡保護舊有臺灣民俗，創辦《民俗臺灣》保護消逝的民俗，加上民風作興運動的盛行，臺灣舊有民俗面臨到危機，抱持寬容態度的新知識分子，認為傳統習俗中有其良善的存在，保存舊有臺灣民俗為重要任務。知識分子處在不同時空背景下，面對傳統習俗之態度，有當代盛行風潮的影響，加諸各種背景影響，知識分子有著感性與理性的爭議思考，批判與寬容的態度隨之變化。

傳統知識分子以張麗俊的日記作為分析面向，傳統習俗對傳統知識分子張麗俊而言，影響性非常深遠。面對人生各式各樣的人生課題，可以看到張麗俊依賴占卜之情形，巫覡、術士在他的日記中，屢屢出現，而張麗俊去各式廟宇，透過抽籤問卜，或是巫覡術士的占卜儀式等，問事、問病、治病等重要課題，都起了相當大的影響力。

新舊知識分子的轉型，以林獻堂日記為例。林獻堂本身接受過漢學傳統的教育，對傳統文化有連繫與保護的作用，也接受各種西方學說，以科學態度，檢視傳統習俗，並且認為傳統慣習中有其陋習，陋習被視之為迷信。林獻堂為了打破迷信，透過教育、講習會、創報紙等活動，介紹西方學說，提升民智，使臺灣社會能有所進步。

此外，新知識分子之批判與妥協，以黃旺成、吳新榮日記為例。當時新知識分子受到西方新思潮影響深遠，期許臺灣社會能朝文明化發展。黃旺成對於迷信慣習能有所打破與改善，但是面對家人生病習慣於求神問卜，考量到親情的因素，採取寬容的態度來處理。而吳新榮本身為醫生，他的思維主要以科學理性的態度。但是時空環境的變遷，面臨到 1937 年戰時體制，強制執行打破迷信的活動，許多臺灣傳統民俗面臨到消亡的危機，與對此政策的反思，他贊成改革迷信的陋俗，反對政策太激進極端的方式。而吳新榮參與

《民俗臺灣》的編輯，成為保護傳統文化的契機，面對傳統占卜慣習，採取理性思維與感性思維的交互反思，也是科學理性與民俗文化的情愫糾結。

臺灣巫覡、術士的占卜活動，三方面的觀點——官方、知識分子、普羅大眾，三個觀感彼此交錯，形成一股龐大的互動思維。三方的共同性在於——尋求未來，對官方來說尋找適當的統治方式，使臺灣達到文明國家的境界；對知識分子來說尋找生命課題的解答；對民眾來說尋找未來命運與心理的慰藉。官方面對此類活動，隨著時空變遷，採取的政策方式，與時俱變，影響巫覡、術士的生計與活動情形，其應對進退政策之變化，政府強力公權力介入下，巫、術者展現其韌性精神。而知識分子彼此間的生長背景不同，教育背景配合時代風潮的影響，面對傳統占卜慣習，有批判與寬容態度的差異性，其慣習文化應該傳承與斷絕，正信與迷信之爭，有著理性與感性思維的大激盪。普羅大眾依賴此類職業，是如此根深蒂固，尤其名聞遐邇之靈驗者，有莫名的吸引力，其集體意識為熱烈瘋狂，成為一種風潮，面對有心之士的蠱動，成為一種恐懼魔力，躁動不安與恐懼未知，尋求未來解答，成為普羅大眾尋找生命課題的選擇題，對錯之間，猶如人生之體悟。三方面的觀點，面對同樣的課題——與「未來」相關議題的巫覡、術士、占卜等，有著激盪回響般的交錯與縱橫。

參考文獻

一、史料

川口長孺，《臺灣割據志》。臺北：大通書局，1987年。

王必昌，《重修台灣縣志》。臺北：臺灣銀行經濟研究室，1959年。

片岡巖，《臺灣風俗誌》。東京：青史社，1983年。

〔春秋〕左丘明，《國語》。臺北：里仁書局，1981年。

永田三敦、筱宮秀雄，《童乩》。臺南：臺南州衛生課，1937年。

伊能嘉矩著、國史館臺灣文獻館編譯，《臺灣文化志》。臺北：臺灣書房，1991
年。

池山龜壽，《台灣の全貌》。臺北：軍人會館，1935年。

李峰注解，《御定六壬直指》。海口：海南出版社，2001年。

〔清〕余文儀主修、臺灣史料集成編輯委員會編輯，《續修臺灣府志》。臺北：
行政院文化建設委員會，2007年。

金關丈夫編、林川夫編譯，《民俗臺灣》，第一輯。臺北：武陵出版社，1990
年。

金關丈夫編、林川夫編譯，《民俗臺灣》，第二輯。臺北：武陵出版社，1990
年。

金關丈夫編、林川夫編譯，《民俗臺灣》，第三輯。臺北：武陵出版社，1990
年。

金關丈夫編、林川夫編譯，《民俗臺灣》，第四輯。臺北：武陵出版社，1990
年。

金關丈夫編、林川夫編譯，《民俗臺灣》，第五輯。臺北：武陵出版社，1990
年。

金關丈夫編、林川夫編譯，《民俗臺灣》，第六輯。臺北：武陵出版社，1990
年。

金關丈夫編、林川夫編譯，《民俗臺灣》，第七輯。臺北：武陵出版社，1991年。

〔清〕周璽纂、臺灣銀行經濟研究室編，《彰化縣志》。臺北：臺灣銀行經濟研究室，1962年，臺灣文獻叢刊第156種。

〔清〕周凱纂、臺灣銀行經濟研究室編，《廈門志》。臺北：臺灣銀行經濟研究室，1958年，臺灣文獻叢刊第59種。

後藤朝太郎，《現在の臺灣》。臺北：白水社，1920年。

〔東漢〕班固著、漢籍電子文獻資料庫編，《漢書》。臺北：中央研究院歷史語言研究所，1984年。

連橫，《臺灣通史》。南投：臺灣省文獻委員會，1992年。

〔清〕陳培桂纂、臺灣銀行經濟研究室編，《淡水廳志》。臺北：臺灣銀行經濟研究室，1963年，臺灣文獻叢刊第172種。

〔清〕陳壽祺纂、魏敬中重纂、臺灣銀行經濟研究室編，《福建通志臺灣府》。臺北：臺灣銀行經濟研究室，1994年。

〔清〕陳文達纂、臺灣銀行經濟研究室編，《鳳山縣志》。臺北：臺灣銀行經濟研究室，1961年，臺灣文獻叢刊第124種。

鈴木清一郎著、高賢治、馮作民編譯，《臺灣舊慣習俗信仰》。臺北：眾文圖書公司，1980年。

椿木義一，《臺灣大觀》。大阪：大阪屋號書店，1923年。

臺灣慣習研究會著、臺灣省文獻委員會譯編，《臺灣慣習記事第壹卷上》。臺中：臺灣省文獻委員會，1984年。

臺灣慣習研究會著、臺灣省文獻委員會譯編，《臺灣慣習記事第壹卷下》。臺中：臺灣省文獻委員會，1985年。

臺灣慣習研究會著、臺灣省文獻委員會譯編，《臺灣慣習記事第貳卷上》。臺中：臺灣省文獻委員會，1986年。

臺灣慣習研究會著、臺灣省文獻委員會譯編，《臺灣慣習記事第貳卷下》。臺中：臺灣省文獻委員會，1987年。

臺灣慣習研究會著、臺灣省文獻委員會譯編，《臺灣慣習記事第參卷上》。臺中：臺灣省文獻委員會，1988年。

臺灣慣習研究會著、臺灣省文獻委員會譯編，《臺灣慣習記事第參卷下》。臺中：臺灣省文獻委員會，1987年。

臺灣慣習研究會著、臺灣省文獻委員會譯編，《臺灣慣習記事第肆卷上》。臺中：臺灣省文獻委員會，1989年。

臺灣慣習研究會著、臺灣省文獻委員會譯編，《臺灣慣習記事第肆卷下》。臺中：臺灣省文獻委員會，1989年。

臺灣總督府編,《臺灣宗教調查報告書第一卷》。臺北:捷幼出版社,1993 年。

臺灣總督府編,《臺灣士紳列傳》。臺北:臺灣總督府,1916 年。

臺灣總督府警務局著、吳密察編,《臺灣總督府警察沿革誌（司法警察及犯罪即決の変遷史)》。臺北:南天出版社,1933—1942 年。

臺灣總督府警務局編、蔡伯壎譯註,《臺灣總督府警察沿革誌第二編,領臺以後的治安狀況（上卷）I》。臺南:臺灣歷史博物館,2008 年。

臺灣總督府警務局編、蔡伯壎譯註,《臺灣總督府警察沿革誌第二編,領臺以後的治安狀況（中卷）II》。臺南:臺灣歷史博物館,2008 年。

臺灣總督府警務局編、蔡伯壎譯註,《臺灣總督府警察沿革誌第二編,領臺以後的治安狀況（下卷）III》。臺南:臺灣歷史博物館,2008 年。

增田福太郎,《童乩》。臺南:臺南衛生課,1937 年。

增田福太郎著、江燦騰主編、黃有興中譯,《臺灣宗教信仰》。臺北:東大圖書股份有限公司,2005 年。

臨時臺灣舊慣調查會著、陳金田譯,《臺灣私法》。南投:臺灣省文獻委員會,1992 年。

臨時臺灣舊慣調查會著、臺灣銀行經濟研究室編,《臺灣私法人事編》。南投:臺灣省文獻委員會,1994 年。

二、報紙、雜誌

《臺灣日日新報》,第 1—15776 號,1898 年 5 月 6 日～1944 年 1 月 31 日。

《臺灣青年》,第 1—4 卷,1920 年 7 月～1922 年 2 月。臺北:東方文化書局複刊,1974 年。

《臺灣民報》,第 1—401 期,1923 年—1930 年。臺北:東方文化書局複刊,1974 年。

《臺灣時報》,1898 年—1945 年。

《臺南新報》,1921 年—1937 年。

《臺灣新聞》,1940—1944 年。

千島兵次郎主編,《臺法月報》,1905 年～1943 年。

臺灣總督府,《臺灣總督府府報》,1896 年～1945 年。

臺灣總督府警務局,《臺灣警察協會雜誌》,第 1—149 號,1917～1929 年。

臺灣總督府警務局,《臺灣警察時報》,第 150—338 號,1930～1944 年。

三、日記

吳新榮著、張良澤總編,《吳新榮日記全集 1（1933-1937)》。臺南:國立臺灣文學館,2007 年。

吳新榮著、張良澤總編，《吳新榮日記全集 2（1938）》。臺南：國立臺灣文學館，2007 年。

吳新榮著、張良澤總編，《吳新榮日記全集 3（1939）》。臺南：國立臺灣文學館，2008 年。

吳新榮著、張良澤總編，《吳新榮日記全集 4（1940）》。臺南：國立臺灣文學館，2008 年。

吳新榮著、張良澤總編，《吳新榮日記全集 5（1941）》。臺南：國立臺灣文學館，2008 年。

吳新榮著、張良澤總編，《吳新榮日記全集 6（1942）》。臺南：國立臺灣文學館，2008 年。

吳新榮著、張良澤總編，《吳新榮日記全集 7（1944）》。臺南：國立臺灣文學館，2008 年。

林獻堂著、許雪姬等譯註，《灌園先生日記（一）1927 年》。臺北：中央研究院臺灣史研究所籌備處，2000 年。

林獻堂著、許雪姬等譯註，《灌園先生日記（二）1929 年》。臺北：中央研究院臺灣史研究所籌備處，2001 年。

林獻堂著、許雪姬等譯註，《灌園先生日記（三）1930 年》。臺北：中央研究院臺灣史研究所籌備處，2001 年。

林獻堂著、許雪姬等譯註，《灌園先生日記（四）1931 年》。臺北：中央研究院臺灣史研究所籌備處，2001 年。

林獻堂著、許雪姬等譯註，《灌園先生日記（五）1932 年》。臺北：中央研究院臺灣史研究所籌備處，2003 年。

林獻堂著、許雪姬等譯註，《灌園先生日記（六）1933 年》。臺北：中央研究院臺灣史研究所籌備處，2003 年。

林獻堂著、許雪姬等譯註，《灌園先生日記（七）1934 年》。臺北：中央研究院臺灣史研究所籌備處，2004 年。

黃旺成著、許雪姬編註，《黃旺成先生日記（一）1912 年》。臺北：中央研究院臺灣史研究所，2008 年。

黃旺成著、許雪姬編，《黃旺成先生日記（二）1913 年》。臺北：中央研究院臺灣史研究所，2008 年。

黃旺成著、許雪姬編，《黃旺成先生日記（三）1914 年》。臺北：中央研究院臺灣史研究所，2009 年。

黃旺成著、許雪姬編，《黃旺成先生日記（四）1915 年》。臺北：中央研究院臺灣史研究所，2009 年。

黃旺成著、許雪姬編，《黃旺成先生日記（五）1916 年》。臺北：中央研究院臺灣史研究所，2009 年。

黃旺成著、許雪姬編，《黃旺成先生日記（六）1917 年》。臺北：中央研究院
　　臺灣史研究所，2010 年。

黃旺成著、許雪姬編，《黃旺成先生日記（七）1919 年》。臺北：中央研究院
　　臺灣史研究所，2010 年。

黃旺成著、許雪姬編，《黃旺成先生日記（八）1921 年》。臺北：中央研究院
　　臺灣史研究所，2012 年。

黃旺成著、許雪姬編，《黃旺成先生日記（九）1922 年》。臺北：中央研究院
　　臺灣史研究所，2012 年。

黃旺成著、許雪姬編，《黃旺成先生日記（十）1923 年》。臺北：中央研究院
　　臺灣史研究所，2012 年。

張麗俊著、許雪姬、洪秋芬解讀，《水竹居主人日記（一）》。臺北：中央研究
　　院近代史研究所，2000 年。

張麗俊著、許雪姬、洪秋芬解讀，《水竹居主人日記（二）》。臺北：中央研究
　　院近代史研究所，2000 年。

張麗俊著、許雪姬、洪秋芬解讀，《水竹居主人日記（三）》。臺北：中央研究
　　院近代史研究所，2001 年。

張麗俊著、許雪姬、洪秋芬解讀，《水竹居主人日記（四）》。臺北：中央研究
　　院近代史研究所，2001 年。

張麗俊著、許雪姬、洪秋芬解讀，《水竹居主人日記（五）》。臺北：中央研究
　　院近代史研究所，2002 年。

張麗俊著、許雪姬、洪秋芬解讀，《水竹居主人日記（六）》。臺北：中央研究
　　院近代史研究所，2002 年。

張麗俊著、許雪姬、洪秋芬解讀，《水竹居主人日記（七）》。臺北：中央研究
　　院近代史研究所，2004 年。

張麗俊著、許雪姬、洪秋芬解讀，《水竹居主人日記（八）》。臺北：中央研究
　　院近代史研究所，2004 年。

張麗俊著、許雪姬、洪秋芬解讀，《水竹居主人日記（九）》。臺北：中央研究
　　院近代史研究所，2004 年。

張麗俊著、許雪姬、洪秋芬解讀，《水竹居主人日記（十）》。臺北：中央研究
　　院近代史研究所，2004 年。

四、專書

王泰升，《台灣日治時期的法律改革》。臺北：聯經出版事業股份有限公司，
　　2010 年。

王詩琅，《余清芳事件全貌：臺灣抗日事蹟》。臺北：海峽學術，2003 年。

王見川，《臺灣的齋教與鸞堂》。臺北：南天書局有限公司，1996 年。

方燕，《巫文化視域下的宋代女性——立足于女性生育、疾病的考察》。北京：中華書局，2008年。

矢內原忠雄著、周憲文譯，《日本帝國主義下之台灣》。臺北：帕米爾書店，1987年。

吳文星，《日治時期臺灣的社會領導階層》。臺北：五南圖書出版有限公司，2008年。

李世偉，《日據時代臺灣儒教結社與活動》。臺北：文津出版社有限公司，1999年。

宋兆麟著；（古代）佚名繪圖，《會說話的巫圖：遠古民間信仰調查》。北京：學苑出版社，2004年。

呂理政，《天、人、社會——試論中國傳統的宇宙認知模型》。臺北：中研院民族所，1990年。

周婉窈，《海行兮的年代：日本統治末期臺灣史論集》。台北：允晨文化公司，2003年。

林富士，《孤魂與鬼雄的世界》。臺北：臺北縣立文化中心，1995年。

林國平，《閩台民間信仰源流》。福建：福建人民出版社，2003年。

林呈蓉，《皇民化社會的時代》。臺北：臺灣書房出版有限公司，2010年。

施添福，《清代在臺漢人的祖籍分布和原鄉生活方式》，地理研究叢書第15號。臺北：臺灣師範大學地理學系，1987年。

洪麗完編著，《臺灣社會生活文書專輯》。臺北：中研院臺史所籌備處，2002年。

胡台麗；劉璧榛主編，《臺灣原住民巫師與儀式展演》。臺北：中研院民族所，2010年。

宮宝利，《術數活動與明清社會》。天津：天津古籍出版社，2009年。

康豹，《染血的山谷—日治時期的噍吧哖事件》。臺北：三民書局，2006年。

郭明亮、楊蓮福，《一九三零年代的臺灣》。臺北：博揚文化，2004年。

黃富三，《林獻堂傳》。南投：臺灣文獻館，2004年。

黃昭堂著、黃英哲譯，《台灣總督府》。臺北：前衛出版社，2002年。

許雪姬、薛化元、張淑雅等撰文，《臺灣歷史辭典》。臺北：行政院文化建設委員會，2004年。

張炎憲、李筱峰、戴寶村主編，《臺灣史論文精選（下）》。臺北：玉山社出版事業股份有限公司，1997年。

張德南，《堅勁耿介的社會運動家—黃旺成》。新竹：新竹市立文化中心，1999年。

董芳苑，《臺灣民間宗教信仰》。臺北：長春文化事業股份有限公司，1984年。

董芳苑,《認識臺灣民間信仰》。臺北：長春文化事業股份有限公司,1986 年。

陳玲蓉,《日據時期神道統制下的臺灣宗教政策》。臺北：自立晚報,1992 年。

陳三井、秦孝儀,《國民革命與臺灣》。臺北：近代中國,1980 年。

蔡錦堂,《日本帝国下台湾の宗教政策》。東京：同成社,1994 年。

鄭政誠,《臺灣大調查：臨時臺灣舊慣調查會之研究》。臺北：博楊文化事業有限公司,2005 年。

鄭志明,《宗教神話與巫術儀式》。臺北：大元書局,2006 年。

劉枝萬,《南投縣風俗志宗教篇稿》。南投：南投縣文獻委員會,1961 年。

羅吉甫,《日本帝國在臺灣：日本經略臺灣的策謀剖析》。臺北：遠流出版事業股份有限公司,2004 年。

五、期刊、論文

王世慶,〈日據初期台灣之降筆會與戒煙運動〉,《清代台灣社會經濟》。臺北：聯經出版社,1994 年,頁 111～151。

方鳳玉、邱上嘉,〈臺灣西南沿海地區的五營形式〉,《臺灣美術》,第 53 期,2003 年,頁 62。

江燦騰,〈日本在臺殖民統治初期的宗教政策與法制化的確立（上）〉,《臺北文獻直字》,2000 年,頁 257～304。

李國祁,〈清代臺灣社會的轉型〉,《中華學報》,第 5 卷第 2 期,1978 年,頁 131～159。

吳文星,〈日據時代臺灣書房之研究〉,《思與言》,第 16 卷 3 期,1978 年,頁 265。

吳學明,〈現世功利—從歷史觀點看傳統民間宗教信仰〉,《點燃人生希望》。臺南：臺南縣文化局,2001 年,頁 224～236。

康豹,〈日治時期新莊地方菁英與地藏庵的發展〉,《北縣文化》,第 64 期,2000 年,頁 83～100。

陳其南,〈土著化與内地化：清代臺灣社會的發展模式〉,《中國海洋發展史論文集》,臺北：中央研究院三民主義研究所,1984 年,頁 335-365。

蔡錦堂,〈日本治台時期的神道教與神社建造〉,《宜蘭文獻雜誌》,第 50 期,2001 年,頁 3～32。

蔡素貞,〈日據時期臺灣人對日本文化之迎拒：殖民性、現代化與文化認同〉,中國文化大學史學研究所博士論文,1996 年。

六、外文專書

Briggs Robin, *Witches & Neighbours：The Social and Cultural Context of European Witchcraft*.Oxford：Blackwell Publishing Ltd, 2002.

Jaynes Julian, *The origin of consciousness in the breakdown of the bicameral mind.* Boston : Houghton Mifflin, 1990.

Kerr Geoge H., *Formosa: Licensed Revolution and the Home Rule Movement -1895-1945.*Honolulu: The University Press of Hawaii, 1974, pp189-190.

附　錄

附錄一：錢卦（孔明神卦）一覽表

第一　上上　大吉　星震卦 ○　○　○　○　○	此卦出世，否極泰來，所求皆爲吉沒有不利，獲得官位，應試及第，外出大吉，訴訟如意，病痊癒，求財十分有利，行人直達，遇到尋人，可尋失物，搬家大吉，出生男孩，謀事大吉，家運大吉，婚姻成功，交易和諧，雨下兩日。
第二　上平　從隔卦 ○　●　●　●　●	求官少許，謀事有變化，尋人難遇到，家宅不安，訴訟早和解，外出中吉，求財八分，行人十二、三日才到達，失物難尋，出生女孩，口舌宜互相和協，婚姻成功，疾病大吉能癒，考運大吉，搬家安全，作夢有口舌之爭。
第三　下平　直卦 ●　○　●　●　●	求官得位，外出吉利，謀事先難後易，訴訟特別和平，沒有疾病妨礙，求財順遂，行人到達，遇不到尋人，失物不久將來尋到，產男孩，家宅大吉，結婚成功，交易和平，搬家大吉，考運大吉，雨明後日下，全家平安，出入大吉。
第四　上中　潤下卦 ●　●　○　●　●	行事有利，謀事成功，訴訟和平良好，考運中等，疾病能癒，求財得八分，產男孩，求官得位，婚姻成功，遇到尋人，看到臨近的逃往者，交易成功吉利，行人有消息，家運吉，搬家大吉。
第五　下下　災正卦 ●　●　●　○　●	謀事有阻害，外出普通，訴訟無和解，求財有損失，生產男孩，婚姻平常，見不到想尋之人，逃往者東南方，交易達成，行人遠行無回，疾病求神佛治癒，搬家良。
第六　平平　稼積卦 ●　●　●　●　○	求官不順遂，謀事不成，出外謹慎，考試不利，訴訟不和，病危，破財，婚姻不成，求財不利，行人戌時到達，生產女孩。

第七　上上　進求卦 ○　○　●　●　●	獲得官位，謀事有望，得到考試中等，訴訟有利，疾病平穩，求財十分，行人直達，遇到尋人，逃往者西北方，家運大吉，婚姻和合，雨戌巳時下，建造房屋吉，搬家大吉。
第八　上吉 ○　●　○　●　●	獲得官位，謀事有助，考運吉，訴訟應和，疾病安穩，求財十分，生產男孩，行人三日到達，外出順風，有失物，家運大吉，婚姻成功，交易吉，遇到貴人有利，搬家大吉。
第九　大吉　穩安卦 ○　●　●　●　○	求官不久吉，外出遠行吉，謀事寅時有利，獲得考試中等，訴訟和解吉，沒有疾病妨礙，求財利多，遇到想尋之人，行人快速到達，有失物，生產男孩，搬家大吉，家運大吉，婚姻成，遇到貴人有利，交易吉，有雨，出入吉利。
第十　中吉　遂心卦 ○　●　●　○　●	獲得官位，謀事成功，無口舌之爭，訴訟良好和解，病痊癒，求財九分，可遇尋人，行人到達，失蹤者親自回歸，外出有利，生產男孩，婚姻成功，遇貴人有酒食，交易平和，合家平安，搬家吉，降雨，買賣良好。
第十一　大吉　災散卦 ●　○　○　●　●	獲得官位，外出大吉，謀事小成，考試有望，訴訟應和解，疾病大吉，求財七分，行人到達，遇尋人，失蹤者親自來，搬家大吉，生產男孩，婚姻成，遇貴人獲得財，交易後成功，家宅平安。
第十二　上平　上進卦 ●　○　●　○　●	提早求官吉，謀事遂望，搬家大吉，訴訟得理，疾病三日後安，求財九分，行人不遠，行人三日到失蹤西北方大吉，生產男孩，婚姻成，種植有收，交易成，家宅平安。
第十三　下吉　暗昧卦 ●　○　●　●　○	謀不遂，外出不好，不見想尋之人，失蹤者應緊急尋找，產女，求婚不成，行人未到達，交易不成，家宅平安，爭訟不利，病良好，夜晚降雨，搬家不吉，考試不遂，遇貴人不利，求財損失。
第十四　下吉　安靜卦 ●　●　○　○　●	功名未遂，外出不妨礙可爭訟和解，謀事五分，病安穩，求財不利，行人有路，失蹤難尋，搬家不可，婚姻託人，家宅平安，交易依舊，種禾有收，產男。
第十五　下兇　保危卦 ●　●　○　●　○	家宅守舊，外出不宜，求財不利，尋人不見，求謀不遂，產女，婚姻有阻，交易不合，失蹤者不見，行人在路，爭訟應和解，病難癒，考試下等，遇貴人不吉，作事不成，口舌之爭留心。

第十六　中吉　保安卦 ● ● ● ○ ○	獲得官位，外出順遂，謀事成，口舌之爭免散，爭訟合理，求財七分，行人即將到達，尋人可見，失蹤者親自來，產男，婚姻成，遇貴人大吉，家運大吉，搬家大吉，交易成，病安穩。
第十七　中吉　喜至卦 ○ ○ ○ ● ●	求官成功，謀事成見尋人，外出得財，官訟應和解，病痊癒，求財八分，口舌之爭自散，行人三日到達，產男，失蹤者親自歸來，考試得意，婚姻大吉，交易成，遇貴人得財，家宅平安。
第十八　中平　保命卦 ○ ○ ● ○ ●	求官得位，外出平安，謀事後易，無口舌之妨礙，爭訟大吉，病安穩，求財六分，尋人得以見面，行人四日到達，失蹤者難免，產男，下雨。
第十九　下下　猶豫卦 ○ ○ ● ● ○	謀不遂，外出有災，求財不利，尋人不見，訴訟破財，生產不吉，婚姻有阻，失蹤者不見，交易不成，搬家良，行人在路，病重。
第二十　中吉　豐稔卦 ○ ● ○ ○ ●	求官大吉，外出通達，謀事得利，無口舌妨礙，訟應和解，無疾病妨礙，求財八分，行人即將到達，尋人親自來，失蹤不遠，考試得意，產男，婚姻成，遇貴人升官，交易成功，家宅平安。
第廿一　上吉　得祿卦 ○ ● ○ ● ○	獲得官位，外出大吉，謀事成，口舌之爭消失，訟應和解，病安穩，求財十分，尋人得見，行人二日到達，失蹤者尋見，雨不多，婚姻合就，產男，家宅平安，晴三日後。
第廿二　中吉　明顯卦 ○ ● ● ○ ○	可得官位，謀事成功，見尋人，外出吉利，訟應和解，行人即將到達，婚姻成，求財八分，失蹤尋有，交易成，產男，家宅大吉，病不妨礙，見貴人得財，考試得意，搬家大吉。
第廿三　上上　祐福卦 ● ○ ○ ○ ●	求官應有望，外出大吉，無口舌妨礙，訟和解吉，疾病無礙，搬家大吉，產男，行人得見，失蹤者可尋獲，求財九分，行人親自來，婚姻大吉，見貴人有財，交易隨心，家宅興旺，考試有望，明夜下雨。
第廿四　下下　凝滯卦 ● ○ ○ ● ○	謀不濟，外出破財，求財折本，尋人口舌之爭，訟應求人，產女，婚姻不成，失蹤小心，交易不成，家宅有災，行人未回，病安穩。
第廿五　上吉　顯達卦 ● ○ ● ○ ○	求官受卦，考試有名，產男，口舌之爭消散，訟理直，求財九分，外出順風，行人三日，失蹤有信，婚姻成，尋人得見，見貴人得力，交易和合，身家大吉，搬家大吉，疾病良好回復，謀事成，進貨發財。

第廿六　大吉　福源卦 ● ● ○ ○ ○	獲得官位，尋人三日，考試得意，外出有財，訟應和解，婚姻成功，求財九分，失蹤遲見，行人即將到達，交易成，搬家大吉，六甲生男，無疾病妨礙，口舌之爭自和解，自家無災，謀事大吉。
第廿七　大吉　大平卦 ● ○ ○ ○ ○	求官進爵，求財七分，遇尋人，行人即將回來，訟和好，考試得意，外出大吉，失蹤原在，婚姻成功，病安穩，產男，謀有利，交易八分，搬家青龍。
第廿八　不吉　顛險卦 ○ ○ ● ○ ○	求謀不遂，生意不利，外出不利，行人未回，應訟和解，失蹤不是，不見尋人，搬家不成，謀不成，產不吉，考試不利，本身不吉。
第廿九　中吉　開發卦 ○ ● ○ ○ ○	求官小任，考試小心，外出平安，行人即將到達，訟理吉，產男，本人大吉，求財六分，交易先吉，失蹤立即尋到，婚姻成功，見貴人遂心，尋人可見，搬家舊吉，無疾病妨礙。
第三十　大吉　英揚卦 ○ ○ ○ ○ ●	獲得官位，求財五分，行人即將回來，訟應和解，產男，失蹤在遠處，婚姻成吉，謀事成功，交易兩合，考試必中，病安穩，外出大吉，尋人遲見，見貴人得財。
第卅一　下下　無數卦 ● ● ● ● ●	求官難得，訟有利，婚姻有災，行人在外有疾病，疾病嚴重，搬家不吉，失蹤者落空，謀事不成，難產，交易有口舌之爭，考運差，外出不利，無求財，尋人口舌之爭。
第卅二　上吉　光明卦 ○ ○ ○ ● ○	不得求官，考試得意，外出大吉，訟應忍耐，病安穩，求財十分，行人五日，不能見尋人，失蹤四方，失物落空，婚姻成功，產女，謀事後成功，家宅平安，搬家吉利，見貴人良好，雨天好，進貨有利，出貨有財。

備註：錢卦三十二象，○代表錢幣正面，●代表錢幣反面。

資料來源：片岡巖，《臺灣風俗誌》，頁 879～886。

附錄二：臺灣巫覡、術士之相關社會案件一覽表

新聞標題	時間	地點	人物	事件
匪劫褳聞占童被劫	1899 年 10 月 24 日	揀東上堡網寮社口庄	天上聖母之占童	以其術博取千金，被強盜覬覦親錢財，搶其占童財產。
拾骨詐欺	1905 年 4 月 29 日	大稻埕九間仔街	道士：陳清琳 案主：潘清	因風水之說惑之，詐騙金錢。
術士可惡	1905 年 7 月 21 日	阿猴廳下港西中里浮圳庄	算命師：郭天助 案主：李天助	因李天助罹患口瘡病，被算命師以毒再醫方式，詐取藥價二十圓。
左道惑眾	1907 年 10 月 28 日	通霄支廳苑里庄	男覡：蘇慶能	蘇慶能以觀三姑之法，受其詐騙者已有十數人，每次祈禱須十八錢，取謝儀二三圓不等。
墜其術中	1908 年 9 月 16 日	新竹北門	命卜師：鄭寬、鄭廉 某術士	鄭廉請術士懲治鄭寬，反被術士利用合夥鄭寬詐騙金錢六十金。
瞽者狡詐	1911 年 10 月 12 日	嘉義廳斗六街	卜卦算命師：林波	能為人改運，以其術驅鬼治病，計有兩百餘人受其施術，每次費用二、三十金，遇到中秋佳節設壇須費二百圓。被警官檢舉，判拘留一夜，罰金十圓。

妖言惑眾	1912 年 10 月 14 日	彰化支廳線東堡大埔庄	保正：劉陽 管理媽祖廟人：鄭炳 媽祖乩童：林盛	三人共造謠言，以林盛乩童之預言，說舊曆十月中，必有凶多吉少，須仗神力克免。警察取締之，判處臺灣違警例條例。
居謠言惑眾之道士	1916 年 8 月 17 日	淡水支廳新店街	道士：林阿橫	放謠言，蠱惑民眾。被警察查緝，按違警例第一條，拘留七日。
女乩童謠言被罰	1917 年 10 月 9 日	大稻埕	女乩童：趙合	跳神附身，詐欺迷信民眾。被警官取締，照臺灣違警例，罰以拘留十日。
竹城近信童乩違警例	1918 年 4 月 26 日	苗栗一堡水尾庄	乩童：林送來	觸臺灣違警例被罰。
堪輿退去	1919 年 5 月 13 日	新竹廳下竹南一堡	堪輿師：劉映屏	原本來自中國之茶商，到臺灣做生意，後來實際作地理師，濫說吉凶禍福，被取締後送還原鄉。
乩童煽惑愚民	1920 年 5 月 27 日	新竹廳苗栗二堡通霄庄	乩童：葉允 同夥：曾烏	假藉神語，治病祈願等術，民眾口耳相傳靈驗，吸引大批群眾。被警察取締，照臺灣違警例，處以二十九日拘留。
乩童藉神姦淫	1925 年 8 月 26 日	高雄州東港郡東港街	乩童：鄭傳 案主：林氏女	身為乩童，以惑一般迷信婦女。
符法師騙取金錢 鄉民墜其術中	1926 年 5 月 29 日	中壢郡楊梅庄	符法師：鄭双傳 案主：葉甫廣、葉吉淮、周吳栗妹	葉甫廣因被人欠去巨金，囑鄭代施符法，使之速還，騙取葉四十六圓二十錢。葉吉淮因柑園之蜜柑常被人偷去，聘鄭施法，騙取二十二圓六十錢。周吳栗妹因夫久離家鄉，聘鄭祈夫早歸，騙取金針一支值二十二圓三十五錢。鄭双傳被警察取締之。
新竹/乩童被拘	1926 年 6 月 26 日	臺中市頂橋子頭	乩童：江建串、江潭、江明呼、江盾 案主：謝旺	乩童為謝旺治療眼疾，被派出所巡察發現，處以十五日拘留。

捕符法師不能以術遁	1926年7月12日	新竹	符法師：李水土 案主：蕭火炎夫妻	符法師假藉符法使案主弄成精神病，被巡查取締。
乩童受罰	1926年9月29日	新竹街北門	乩童：李水貴	乩童為人治病，被巡查取締。
邪術師犯色戒被送檢察	1927年7月17日	大甲郡大安庄	邪術師：王林 案主：黃某之媳婦	王邪術師欲為黃某的未婚夫治療精神病，然而黃某的媳婦被王林暴行之。王林被送警局。
愚民を迷はす賣卜者檢舉る	1927年7月18日	臺中州東勢郡	賣卜者：王理明	來自中國之賣卜者，渡臺後以賣卜相命賺取大量金錢，民眾爭相以往，被警方取締。
破戒道士被訴通姦	1927年7月29日	馬公	道士：莊水眉 案主：王賴巧之妻鮑木耳	莊水眉道士不守規戒，與有夫之妻通姦。
童乩受罰	1928年8月3日	新竹郡香山庄	乩童：張世、吳乞	因地方乾旱，跳乩求雨。乩童被警察查緝，判處拘留、罰金等。
乩童受罰	1929年5月7日	新竹街北門	乩童：林石古 同夥：鄭雙全暨棹頭法師：彭眞珠	乩童詐唸符咒，驅逐妖魔，代為醫病。犯醫師法，罰十五圓。
農民亂鬥出於迷信盲從童乩言　卒被檢舉四十名　乃疑王爺無靈群毀其像	1929年6月2日	臺南州曾文郡、新化郡	案主：蘇厝寮居民、謝厝寮居民	蘇厝寮民拾得木刻王爺，藉乩童之預言，有神助殲滅謝厝寮民。結果被警察檢舉，被起訴者多達四十名。
乩童詐騙婦女發覺被拘	1929年6月21日	屏東	乩童：陳玉 法師：張清煙 案主：張火煙之妻蕭涼	乩童、法師藉神為人治病，騙取金錢。張妻信以為眞，被騙去金一百六十圓。後來報官，陳、張兩人被取締。
19290907童乩治病　以劍斫人　額受傷出血死　迷信者可不鑑乎	1929年9月7日	新營郡柳營庄	乩童：陳金和 案主：陳永沂	因陳永沂小腳腿舊疾，聘陳金和前來治病，被祈禱之刀砍到前額流血過多致死。陳金和被警察逮捕。

柳道士再被拘	1929 年 12 月 8 日	嘉義	道士：柳南山 案主：陳妻	柳道士以私印蓋陳妻之下體，被警方拘捕。
童乩醫治狂人用金釘刺傷至令慘死　外胸腹有手拳打撲傷	1930 年 4 月 4 日	臺南州新營郡鹽水街	乩童：蔡振東 案主：程錦源	案主程錦源因精神疾病，為求治癒，乩童以傷害程全身身體，用金針刺身體各處，加以拳腳撲打，後來程暴斃。
逮符法師	1930 年 4 月 26 日	臺北州瑞芳庄	符法師：陳仁	來自中國之符法師陳仁，渡臺後以密術療病，欺騙無智之民，被警察逮捕。
惡賣卜者を戀する美少女家出して斷髮、男裝で道行　途中刑事に見破らる	1930 年 4 月 30 日	基隆郡雙溪庄	賣卜者：楊德貴 案主：林驟之次女林尾	楊德貴以賣卜者自居，屢次詐欺、竊盜、強姦、誘拐等罪，被警方取締。其誘拐之女為林尾，與林尾約定私奔，林尾斷其頭髮偷偷逃出家裡，與楊會面。後來兩人被警方偵查到案。
基隆兩支那賣卜者　以攪亂治安逐回本國迷信者每被所騙愚哉	1930 年 5 月 20 日	基隆	賣卜者：陳飛輕、陳炳由	因景氣差，渡臺容易就業，兩兄弟來自中國，在臺灣以賣卜業為生，詐騙人民，為人補運祈禱等，騙取許多金品。
草地符法師騙取藥資被拘	1930 年 11 月 19 日	嘉義	符法師：廖茂來 案主：李才	廖茂才自稱有法術，詐騙李才治胃病，詐取金額六十圓，被警察取締。
為王爺乩童一言　七十餘歲老人縊死　迷信陰魂要索三命	1930 年 12 月 11 日	朴子街	乩童 案主：黃守	黃守本身非常迷信，因乩童一言，說陰魂不散，會索取家中三命，結果聽從其言，上吊來解決此災厄。
新童乩罰金	1930 年 12 月 25 日	新竹	乩童：潘朝木、陳條溪	乩童因繞境表演，用尖銳銅針穿刺臉頰，被警方處以罰金。
謠傳真主出嘉義　女巫誆惑一般愚婦女當局活動檢舉多數居民	1931 年 12 月 18 日	嘉義	案主：江某 女巫	江某利用女巫宣傳謠言，未來將有真主降臨，民眾被詐騙總金額二千餘圓。

賣卜者　命歸中國	1932 年 2 月 16 日	新竹郡 竹東郡	賣卜者：張得才、張得利	張氏兩人原本來自於中國，從事茶葉行商，渡臺後，轉業成賣卜者，蠱惑人心，被警方偵查到，將兩人遣送回國。
卜者乘人不幸乘間恐嚇詐金	1932 年 6 月 25 日	新竹郡 舊港庄	賣卜者：鄭□ 案主：楊屁	賣卜者詐稱楊屁犯白虎煞，詐取錢財。鄭氏被警察取締。
惡乩童託魂附體　惑其母將及其女　共往山下覓銀被露濡	1932 年 9 月 25 日	南投	乩童 婦人 婦人的女兒	乩童假稱已亡之子附身，告訴婦人在山下埋藏銀兩，騙其婦人與其女兒前往，而被惡乩童染指。
流言を放つ賣卜者留置さる	1933 年 5 月 14 日	新竹市	賣卜者：劉阿詳	劉阿詳以五月會有大災禍之流言，欺騙群眾，被警察取締。
嘉義/拘賣卜者	1934 年 4 月 10 日	嘉義	賣卜者：廖英才	廖英才來自中國，自渡臺後，以賣卜為業，行動可疑，被警方調查取締。
華人地理師命令歸國	1934 年 4 月 24 日	嘉義	地理師：武冠龍	武冠龍來自中國的地理師，渡臺幫人看風水為業，詐稱本籍，被警方偵查到，遣送回國。
詐稱術士欲為人祭白虎得謝禮逃走	1934 年 6 月 7 日	嘉義	術士：吳牛 案主：楊日	吳牛假稱楊日犯白虎，詐取謝金六十圓。
自稱術士詐騙婦女	1934 年 11 月 11 日	東石 嘉義 新營	術士：張舉 案主：各地婦女	張術士詐騙被害者三十餘名，全額數百圓。
欲為人消災解厄假賣卜者遇真刑事　惡漢被拘往二林分室	1935 年 10 月 9 日	北斗郡二林庄	術士：邱銀河 案主：洪論氏	邱銀河本身為詐欺前科與違反醫師法累犯者，假稱術士幫洪氏消災解厄，被警官查緝到。
彰署破獲大詐欺團　即假稱命卜風水師等為人祭七星騙五鬼騙取巨金	1935 年 7 月 5 日	彰化	術士：林輝煌、楊金盆、李金繭	林輝煌、楊金盆、李金繭假稱命卜、風水師等，詐騙民眾數萬圓，置妻妾數名，極其豪奢。

乩童罰拘廿天	1935 年 8 月 14 日	彰化	乩童：陳萬來	乩童藉神道，為人救災解厄，騙取金錢。
自稱密醫術士到處行騙	1935 年 10 月 11 日	嘉義郡民雄庄	術士：賴六卜	賴六卜自稱名醫兼術士，詐騙金額達三十餘圓。
術士騙錢一遇真警察無術可脫	1935 年 10 月 11 日	嘉義	術士：陳胡生 案主：林高文	陳胡生假稱術士，為人書符鎮煞，騙取金錢百餘圓，被警察偵破。
乩童穢婦 甘為情死	1936 年 7 月 28 日	屏東	乩童：呂宗 案主：陳成之妻黃陳戴	黃陳戴染病，其夫延呂乩童，呂乩童詐稱消災補運須同床共寢，結果得手。
豐原郡當局檢束乩童 事件或擴大	1936 年 8 月 6 日	臺中州豐原郡	乩童：廖大築、陳連秋	兩名乩童藉神語，欺瞞無知婦女，而以色情籠絡，騙取巨金，被害額多至六千圓以上。
賣卜者非為懲役年半 嘉義市北門黃茂松	1936 年 9 月 10 日	嘉義	賣卜者：黃茂松 案主：王陳英、何林橋、連金枝	賣卜者藉以詐騙入財，以助其夫妻和好、治病等，騙取婦女金錢。
愚民を惑す賣卜者 彰化市て捕はる	1936 年 9 月 11 日	彰化	賣卜者：莊金鳳、莊□	賣卜者以妄加持祈禱等術，欺騙民眾。
妖術師捕はる符仔を用ひて惑はす	1939 年 11 月 12 日	新莊郡五股庄	符法師：陳慶	符法師以催眠術式詐騙他人，並輔以符咒，詐騙其金額。

資料來源：《臺灣日日新報》，1899 年～1939 年。